그냥 계속하는 힘

| 일러두기 |

이 책의 본문 168~175쪽에 실린 이미지의 출처는 아래와 같습니다.

- 168쪽 https://store.hermanmiller.com/sustainability-chairs-for-change?lang=en_US
  https://www.desker.co.kr/product/detail/295
- 169쪽 https://www.camelmountmall.com/goods/goods_view.php?goodsNo=1000000045
- 171쪽 https://ko.hub.sync.logitech.com/mx-master-3s
- 174쪽 https://learn.microsoft.com/ko-kr/windows/powertoys/powerrename
- 175쪽 https://learn.microsoft.com/ko-kr/windows/powertoys/keyboard-manager

자신만의
성공 리듬을 만드는

그냥 계속하는 힘

손민규 지음

Booksgo

프롤로그

과거도 현재도 미래도
나의 결과다

요즘은 동기부여 영상이나 책이 넘쳐 난다. 소셜미디어를 보면 언제든지 '나도 할 수 있다'고 외치는 영상들이 끊임없이 올라오고, 유명한 연사들이 성공한 사람들의 사례를 들며 열정적으로 이야기를 전한다.

하지만 나는 그런 영상이나 책을 잘 보지 않는다. 누군가는 그걸 보면서 심장이 뛰고 뜨거운 에너지가 느껴진다고 말하지만, 나는 성향이 소위 말하는 '대문자 T'라서 그런지 그렇게까지 자극을 받지 않는다. 사람들이 자주 하는 "열심히 하면 된다", "꿈을 크게 가져라", "한계를 뛰어넘어라" 같은 말들도 때로 막연하고 추상적으로 느껴졌다.

　그도 그럴 것이 나는 동기도 중요하지만, 결국은 동기가 시키는 것이 아니라 '내가 하는 것'이라고 생각하기 때문이다. 그래서 이 책의 출간 제안을 받고 고민을 많이 했다. 이런 내가 무슨 동기부여를 할 수 있을지 확신이 서지 않았다. 게다가 나의 경험이 특별하게 거창하거나 화려한 성공담도 아니라고 생각했다. 하지만 어느 순간 '꼭 동기부여를 위해 엄청난 영감을 주어야 할 필요가 있을까?' 라는 의문이 생겼다.

　생각해 보면 나는 오히려 누군가의 소소한 경험담에서 더 큰 울림을 느꼈던 적이 많았다. 그저 담담하게 내 이야기를 적어 내려가는 것, 내가 어떻게 살아왔고 살고 있는지 솔직하게 이야기하는 것, 그런 진솔한 이야기가 누군가에게는 작은 울림이 될 수 있을 것이라고 믿었다. 그렇게 이 책을 위한 용기를 냈다.

　책을 쓰면서 스스로에게 질문을 던졌다.
　'내가 이렇게 열심히 사는 원동력은 무엇일까?'
　결론은 의외로 간단했다.
　'그냥 계속하는 힘'
　누군가는 이 말을 듣고 무책임한 답변이라고 생각할 수도 있다. 사람들은 보통 어떤 일을 시작할 때 큰 동기나 자극이 있어야 한다고 생각하는 경우가 많기 때문이다.

물론 삶의 꿈과 목표는 당연히 필요하다. 하지만 아무리 목표를 세워도 결국 그것을 실현하는 것은 꾸준한 실천을 통해서만 가능하다. 그런 의미에서 나에게는 단순히 '그냥 한다'는 것이 가장 강력한 원동력이었다. 다른 유혹이나 잡념에 휘둘리지 않고 그 순간 해야 할 일에 집중하는 힘이 있었기 때문이다.

'그냥 한다'는 태도는 아무 생각 없이 달려드는 것이 아니다. 순간순간의 작은 실천이 나의 미래를 만들어 나간다는 사실을 아는 것이다. 하루를 허투루 보내면 미래에 스스로 감당해야 할 결과가 커지고, 하루를 알차게 보내면 그 역시 내게 돌아온다. 결국 '과거도 현재도 미래도 나의 결과'인 것이다.

동기부여는 순간적으로 뜨겁게 타오르는 불길과 같다. 몇 시간, 길어야 며칠 동안은 그 불이 타오르지만, 시간이 지나면 식어 버리기 마련이다. 그래서 나는 항상 '활활 타오르는 불'보다는 '은은한 장작'이 되고자 한다. 열기가 금방 사라지지 않도록 오랫동안 은은하게 불을 피우는 것, 즉 꾸준함이 그 무엇보다도 중요하다고 생각한다.

이 책을 통해 누군가가 순간적으로 큰 영감을 받거나 삶의 방향이 완전히 바뀔 것이라는 기대는 하지 않는다. 그저 내가 경험한 것을 솔직하게 털어놓되, 그 속에서 단 하나의 문장이라도 독자에게 와

닿는다면 그것으로 충분하다고 생각한다. 동기부여의 힘을 과소평가하는 것이 아니다. 다만, 나에게는 그런 짧은 열정보다 그것을 지속하는 단순한 실천의 힘이 더 강력했음을 말하고 싶다. 그리고 이런 나의 방식이 누군가에게 작은 위로나 동기가 될 수 있기를 바란다.

손민규

목차

프롤로그 | 과거도 현재도 미래도 나의 결과다 ▶▶▶ 04

01 의미 없는 경험은 없다

나도 공부를 썩 잘하지 않았다 ▶▶▶ 13
온전히 나를 위한 공부를 한 적이 없다 ▶▶▶ 18
세 번의 대학 입학과 두 번의 자퇴, 그리고 자유 ▶▶▶ 22
높은 목표는 실천의 원동력이다 ▶▶▶ 29
비로소 깨닫게 된 공부법 ▶▶▶ 34
나는 한 번도 실패를 경험하지 않았다 ▶▶▶ 39
온전히 내 실력이다 ▶▶▶ 43

02 인내는 쓰고 합격은 달다

현실과 타협하다 ▶▶▶ 49
새로운 목표가 생기다 ▶▶▶ 52
두 번째 직업, 직장인 수험생 ▶▶▶ 58
퇴사와 함께 찾아온 꿀복이 ▶▶▶ 63
인생 최대의 암흑기 ▶▶▶ 67
고생 끝 값진 깨달음 ▶▶▶ 71

03 완성된 공부법을 알리고 싶었다

공부법 책을 출간하다 ▶▶▶ 77
퇴사 후 시작한 '규토리얼' ▶▶▶ 84
1:1 컨설팅에 도전하다 ▶▶▶ 90
앞으로 내가 나아갈 길 ▶▶▶ 94

04 N잡의 비결은 꾸준한 실천이었다

6잡러이자 두 아이의 아빠 ▸▸▸ 99
목표가 있는 곳에 길도 있다 ▸▸▸ 103
일단은 실천하고 봐야 한다 ▸▸▸ 106
꾸준함 없이는 성취도 없다 ▸▸▸ 110
무조건 '열심히'의 한계 ▸▸▸ 115
주변의 시선에 흔들리지 않는다 ▸▸▸ 118
당신은 의지박약이 아니다 ▸▸▸ 122
흔들려도 괜찮다, 멘탈 마사지 ▸▸▸ 125
설레는 공부의 진짜 시작은 지금이다 ▸▸▸ 129

05 시간 관리가 인생을 결정한다

계획은 효율적으로, 하지만 유연하게 ▸▸▸ 135
시간 관리에도 원칙이 있다 ▸▸▸ 152
N잡을 위한 시간 세팅법 ▸▸▸ 159
효율적인 업무 꿀팁 ▸▸▸ 167
시간 관리의 꽃, 휴식과 체력 관리 ▸▸▸ 181

부록 직장 병행 수험생을 위한 노트

직장 병행 수험생의 공부법 ▸▸▸ 186
직장 병행 수험생만의 강점 ▸▸▸ 191
직장 병행 수험생의 위기 극복법 ▸▸▸ 195

에필로그 | 설레는 삶을 위한 바로 지금, 바로 나 ▸▸▸ 201

01

의미 없는 경험은 없다

중요한 것은 내가 목표를 이루었느냐보다도, 목표를 위해 얼마나 최선을 다했느냐이다. 최선을 다했다면 결과가 어떠하든 나에게는 의미 있는 시간이며, 인생에 어떻게든 도움이 될 것이라고 생각한다.

나도 공부를
썩 잘하지 않았다

나는 정말로 공부를 잘하고 싶었다. 그런데 막상 공부를 어디서부터, 어떻게 해야 할지 몰랐다. 단순히 공부는 오래 책상에 앉아서 책을 펼쳐 보면 되는 것인 줄 알았다. 그러나 성적은 공부한 만큼 나오지 않았다. 그래서 공부를 잘하는 친구들을 보면 '도대체 저 친구는 몇 시까지 공부하는 걸까?', '얼마나 잠을 줄여야 저런 성적이 나올 수 있을까?' 하는 생각에 너무나 신기했고, 다른 세계에 사는 사람들처럼 느껴졌다.

나는 나름대로 열심히 했지만 결과는 늘 평범했다. 그나마 고등학교 때 학군이 좋은 서울 목동, 그중에서도 상위권의 학교로 전학을 갔기에 고3 때 인서울 대학교 수준의 성적을 받을 수 있었다. 또한 20대 초반에 네 번의 수능 응시, 두 번의 대학교 입학과 자퇴, 한 번의 재입학, 행정고시 기술직 도전까지 모두 경험했다. 그야말로 공부로 점철된 10대와 20대를 보내며, 누구보다 더 많은 시행착오와 좌절을 겪었다.

대학교 때는 공대 복수전공과 조기졸업이라는 두 가지 큰 목표를 이뤄 내는 과정에서 공부법을 깨우쳤다고 확신했다. 이를 검증하기 위해 잘 다니고 있는 대기업을 그만두고 변리사 시험에 뛰어들었고, 시험에 합격함으로써 비로소 나만의 공부법을 완성시켰다. 또한 컨설팅 수강생 중에서도 합격자들이 하나둘씩 나오면서 내 방식에 더욱 확신을 얻게 되었다.

중·고등학교 동창들이 나의 최종 학력이나 변리사 합격 사실을 듣게 된다면 아마 믿기 어려워할 것이다. 그 시절의 나는 공부를 잘하지도 못했고, 잘하기 위해 어떤 노력을 해야 할지도 몰랐다. 그런 내가 변리사가 되리라고는 스스로도 상상하지 못했다. 중요한 점은, 나도 처음부터 공부를 잘했던 사람이 아니었다는 것이다. 내가 지금의 자리까지 올 수 있었던 것은 끊임없는 실패와 고민, 그리고 올바른 방향으로 나아가기 위한 노력 덕분이었다.

그리고 그런 경험들을 더 많은 사람과 나누고 싶어 '규토리얼' 유튜브 채널과 컨설팅, 공부법 강의를 시작했다. 현재 내가 올리는 영상이나 코칭 내용은 모두 나의 경험에서 비롯된 것이며, 컨설팅 체크리스트 또한 모두 직접 겪고 깨달은 문제들로 이루어져 있다. 나는 이 문제들을 극복하기 위해 끊임없이 고민했고, 그렇게 찾아낸 방법을 단순히 나뿐 아니라 다른 사람들에게도 충분히 적용할 수 있도록 체계적인 방법론으로 발전시켰다. 다음 장에 그 체크리스트 중 일부를 소개한다. 이 글을 읽고 있다면 아마 대부분 공감하지 않을까 한다.

공감 체크리스트

1. 공부를 미룬다
해야 할 공부를 알고 있지만 자꾸 미루게 되고, 점점 쌓여가는 학습량에 압박을 느낀다.

2. 미라클 모닝에 실패한다
아침 일찍 일어나 공부를 시작하려고 다짐하지만 대부분 실패로 끝난다. 특히 실패하기 쉬운 MBTI의 FP 유형이라면 좌절감은 더 커진다.

3. 아웃풋 없이 인풋만 반복한다
개념 공부에만 집중하고 문제 풀이를 하지 않는다. 이론은 많이 공부했지만 막상 시험을 보면 점수가 나오지 않는다.

4. 회독 횟수에 집착한다
몇 회독 했는지에만 신경 쓰고, 실제로 이해하고 암기했는지는 점검하지 않는다.

5. 처음부터 끝까지 다시 본다
복습을 할 때 중요한 부분을 선별해서 복습하는 것이 아니라, 처음부터 끝까지 다시 보는 비효율적인 학습 방식을 고수한다.

6. 문제를 푸는 것을 회피한다

문제 풀이에서 실수하는 것이 두려워서 어려운 문제나 모의고사를 끝까지 회피한다.

7. 어려운 과목을 회피한다

쉬운 과목이나 익숙한 부분부터 공부하고, 어려운 과목이나 낯선 부분은 미룬다. 결국 그 부분은 끝까지 해결되지 못하고 남겨진다.

8. 공부량이 줄지 않는다

매일 공부를 해도 해야 할 양이 줄어들지 않는다. 공부의 진척이 느껴지지 않아 답답하다.

9. 암기를 쉽게 하려고 한다

눈에만 익숙해지는 방식으로 쉽고 편하게 외운다. 결국 외운 내용이 금방 사라진다.

10. 모의고사 점수가 예상보다 낮다

공부를 했다고 생각했지만, 모의고사를 보면 예상보다 점수가 낮아 좌절한다.

온전히 나를 위한
공부를 한 적이 없다

　중·고등학교 학창시절, 나는 온전히 나를 위한 공부를 하지 못했다. 아버지한테 혼나는 것이 싫어서 공부했다는 것이 더 정확할 것이다. 아버지는 학벌 콤플렉스가 심한 사람이었다. 한번은 초등학교 5학년 때 아버지가 나에게 아는 대학교가 있냐고 물으셨는데, 다른 대학교는 한 번도 들어본 적이 없었기 때문에 아버지의 출신 대학교를 답했다. 그러자 아버지는 어떻게 SKY 대학교를 모를 수 있냐며 역정을 내셨다.

　아버지는 평소에는 겉으로 내 성적에 그다지 신경 쓰지 않는 척을 했지만, 행동은 전혀 딴판이셨다. 성적표가 나오면 "내가 너 같은 환경에서 공부했으면 SKY 갔겠다", "내가 도대체 너한테 못해 준 게 뭐냐", "나는 학교 다닐 때 하루 4시간씩 자면서 공부했다" 같은 말씀을 하시며 윽박질렀다. 성적표가 나올 때마다 우리집의 분위기는 처참했고, 중학생 때부터 차마 말할 수 없을 정도의 폭언을 듣곤 했다.

그러자 어느 순간부터 나는 공부를 할 때마다 성적표를 받아 든 아버지의 반응을 먼저 떠올리기 시작했다. 성적표를 받기 전날 밤이면 나의 마음은 마치 폭풍우를 앞둔 바다처럼 불안했다. 좋은 성적을 받지 못하면 내가 원하는 대학교에 갈 수 없다는 생각보다, 아버지가 화를 내고 실망할 것이라는 걱정이 먼저 들었다. 간혹 성적이 좋게 나와도, 기뻐하기 보다는 '이번에는 혼나지 않겠다' 하는 안도감이 먼저 들었다.

그러다 고등학교 2학년 여름방학 때, 우리집은 목동으로 이사를 갔다. 그 전까지 다니던 고등학교는 학업 성취도가 낮기로 유명했는데, 그곳에서 나는 반에서 5~6등 정도였다. 그런데 목동으로 전학을 가니 전교 등수가 10배로 뛰었다. '아, 내가 우물 안 개구리였구나… 처음부터 이런 환경에서 공부했더라면 어땠을까' 하는 생각도 들었지만, 어느새 나는 졸업반이 되어 있었다. 좋은 학군에 들어간 것만으로 하루 아침에 성적이 오를 리는 만무했고, 이미 아버지가 바라는 이상과 내 성적 사이의 간극은 너무나도 컸다.

그렇게 고3의 마지막 가을이 끝날 즈음 수능이 찾아왔다. 시험을 마치고 교문을 나서는 순간부터 예감이 좋지 않았다. 집에 도착하자마자 가채점을 시작했다. 정답을 확인하고 예상 등급컷을 확인하니 세상이 무너지는 기분이었다. 채점 결과를 들은 아버지는 나보다 더 낙담했고, 무거운 침묵 사이사이 아버지의 깊은 한숨 소리가 땅이 꺼지듯 이어졌다. 나는 그저 고개를 떨군 채 침묵할 뿐이었다.

사실 내 수능 성적은 특별히 못 본 것이 아니라 내 실력이 적나라하게 드러났던 것뿐이다. 그러나 수능 이후 이따금씩 나를 바라보는 아버지의 눈에는 실망감이 가득했다. 아버지는 하루 종일 입시 커뮤니티를 검색하며 수험생인 척 글도 올리고, 배치표도 결제하고, 직접 고등학교 담임 선생님을 찾아가 입시 상담을 받기도 했다. 그러한 극성에 나는 더욱 수렁 속으로 빠져들어 가는 것 같았다. 숨이 막혀 왔다.

결국, 아버지는 이 성적으로는 원서 쓸 곳도 없다고 하면서 바로 재수 기숙학원에 들어갈 것을 권했다. 정말 가고 싶지 않았지만 나는 이미 집에서 죄인이었고 선택의 여지가 없었다. 그렇게 나는 기숙학원이라는 새로운 환경 속에 들어갔다. 하지만 그 좋은 학군이었던 목동에서도 학원을 다니지 않았던 내가 기숙학원에서 수업을 들을 리만무했다. 나는 심지어 대학교 때도 출석과 필기만 했지 수업은 제대로 들은 적이 없었고, 변리사 수험생 때도 강의는 최소한으로만 수강했다. 하지만 기숙학원에서는 수업의 연속이었다. 혼자 자습을 했지만 앞에서 선생님이 강의를 하고 있는데 온전히 집중하는 것은 당연히 어려웠다.

그러면서 내가 도대체 왜 여기서 시간 낭비를 해야 하는지 모르겠다는 생각을 수도 없이 했다. 애초에 재수 또한 나의 의지가 아니었지만, 중도에 기숙학원을 그만두겠다고 하면 아버지는 폭발할 것이 분명했다. 결국 수능날까지 기숙학원을 벗어나지 못한 채로 두 번째 수능을 응시했다. 가채점을 해보니 수학 3번 문제부터 말려 수학에서 최악의 성적이 나오고 말았다. 그래도 나머지 과목은 선방해서 신촌에 있는 S대(이하 S대)에 원서를 넣었고, 합격 발표가 예정된 날 나는 아버지의 전화를 받은 어머니로부터 합격 소식을 듣게 되었다.

다시 말해, 학창 시절 나는 나를 위한 공부를 하지 않았다. 스스로 공부를 잘하고 싶어서, 내가 원하는 대학교에 가고 싶어서 공부한 것이 아니라 그저 실망을 피하기 위해 공부했다. 아버지로부터 좋은 대학교에 가야 한다는 말은 수도 없이 들었지만 왜 그래야 하는지, 그것이 나의 인생에 어떤 의미가 있고 어떤 변화를 가져올지 알 수 없었다.(당연히 좋은 대학교에 입학하는 것이 성공이나 행복을 보장하는 것은 아니다)

세 번의 대학 입학과
두 번의 자퇴,
그리고 자유

 그렇게 S대에 입학했지만, 아버지는 여전히 충분하지 않았는지 더 좋은 학교에 도전해 보는 게 어떠냐면서 반수를 권했다. 사실 원서를 쓸 때부터 이미 내가 반수하기 좋은 환경의 대학교에 가기를 희망하셨던 것이다. 대학교 입학 후에도 나는 아버지의 시선과 간섭에서 자유롭지 못했다. 어느 날, 집에서 가족과 식사를 하는 중에 다시 반수 얘기가 나왔다. 나는 더 이상 견딜 수 없어 결국 아버지와 대판 싸우고 집을 나왔다. 그리고 일단 급한 대로 친한 동기 집에 얹혀살게 되면서 예정에도 없던 독립을 하게 되었다.
 그러자 아버지의 통제 안에 갇혀 있었을 때는 한 번도 느끼지 못했던 자유가 나에게 찾아왔고, 그때 깨달았다. 지금까지 아버지의 꿈을 살았지, 내 꿈을 살아본 적이 없었다는 사실을. 그리고 그때서야 나 자신을 위한 공부가 무엇인지, 내가 정말 원하는 것과 진정으로 내 삶을 행복하게 만드는 것이 무엇인지 고민해 보았다. '이제는 무엇을 하든 적어도 내가 원하는 길을 선택해 볼 수 있겠구나', 그런 생각을 하니 스스로에 대한 존중이 비로소 시작되는 기분이었다.

그래서 이번에는 제대로 해 보기로 했다. 남의 기대를 위해서가 아닌, 스스로 목표를 설정하고 준비하는 공부 말이다. 그 선택이 바로 세 번째 수능이었다. 이번에는 나의 선택이니 그 결과의 책임도 온전히 지겠다는 마음이었다. 그리고 합격한다면 그 성취 역시 진정한 내 의지와 노력의 결과가 될 터였다.

목표하는 전공도 정했다. 나는 컴퓨터공학 전공으로 입학했는데, 그 이유는 삼수를 할 자신이 없던 와중에 배치표상 가장 낮은 전공이 컴퓨터공학이었기 때문이다. 또한 고등학교 시절 나는 물리 과목을 잘하지 못했는데, 컴퓨터공학은 공대에서 가장 물리의 비중이 적은 전공이기도 했다. 그러나 대학교 1학년 때 수강한 '일반물리' 수업은 내 생각을 완전히 바꾸어 놓았다. 정말 신기하게도 물리에 재미를 느꼈던 것이다. 뉴턴의 운동 법칙, 에너지 보존의 원리, 전자기학까지 이론을 배우는 과정과 문제 풀이가 너무나도 재미있었다. 어쩌면 내가 물리 과목을 포기한 것은 입시를 위한 공부를 했기 때문이지, 물리 그 자체를 싫어한 것은 아니었을지도 모른다는 생각이 들었다.

물리의 세계에 다시 눈을 뜨면서, 나는 자연스럽게 기계공학에 관심을 갖게 되었다. 기계공학은 물리의 원리를 실제 기술로 구현하는 학문, 이론에서 그치는 것이 아니라 세상의 다양한 기계와 시스템에 실질적으로 적용할 수 있는 학문이었다. 무엇보다도 컴퓨터공학에서 다루는 추상적인 개념들과 달리 눈에 보이고 손으로 만질 수 있는 실체를 다루는 점이 더 흥미로웠다.

그래서 평소 가고 싶었던 Y대 기계공학과를 목표로, 1학년 2학기 때 과감하게 12학점만 신청하면서 반수를 시작했다. 그때가 수능까지 D-138일 남은 시점이었다. 처음에는 학점도 어느 정도 챙기면서 수능을 준비하자고 생각했지만, 애초에 불가능한 일이었다. 결국 모든 수업에서 F를 받기로 결심하고, 수업에 출석하는 대신 아침 7시부터 밤 11시까지 공부하는 일상을 반복했다. 대학교 도서관 열람실에서 다들 전공 서적을 펼 때, 나는 수능 교재를 폈다. 힘들었지만 한편으로는 자유를 느꼈다. 처음으로 오롯이 나를 위한 목표를 향해 나의 의지로 공부를 하고 있었기 때문이다.

이윽고 세 번째 수능날을 맞이했다. 시험이 끝나고 교문을 나서는 내 발걸음은 이전 두 번의 수능 때와는 달랐다. 이번에는 나의 모든 노력이 나를 위한 것이었고, 결과와 상관없이 138일 동안의 경험은 나를 다시 찾는 과정이었다. 그 속에서 비로소 내 인생을 살아가고 있는 나 자신을 마주하게 되었다.

세 번째 수능은 모든 과목을 꽤 잘 봤다고 생각했는데, 국어에서 4등급이 나와 버렸다. 울며 겨자 먹기로 배치표상 Y대 기계공학보다 낮은 전기전자공학부와 국어를 보지 않는 H대 건축학과에 원서를 냈다. Y대 지원 결과 128명 정원에 내 예비 번호는 93번이었다. 보통 1.5배까지 합격한다고 하니 어쩌면 합격할 수도 있는 번호였다. 오랜 기다림 끝에 마지막 발표일이 찾아왔고, 나는 두 손 모아 합격을 간절히 빌었다. 하지만 결국 전화는 오지 않았다. 나중에 확인한 결과, 한 사람만 빠졌어도 나는 합격이었다.

처음으로 나를 위해 보았지만 아쉬움이 남았던 세 번째 수능 결과

결국 H대 건축학과를 가느냐, S대에 남느냐 선택만이 남았다. 건축학과를 지원한 이유는 어릴 때부터 건축에 관심이 많았고, 도면 보는 것을 좋아했기 때문이었다. 그리고 H대는 미대뿐 아니라 건축학과 또한 손꼽히는 명문이었다. 후회를 덜 남기는 선택을 하자고 생각했고, 오랜 고민 끝에 S대에 자퇴서를 낸 후 H대 건축학과에 입학했다.

그리고 이제 내 인생에 수능은 없다는 생각으로 즐겁고 신나는 대학교 생활을 보냈다. 설계실에 틀어박혀 제도판 앞에서 열심히 시간을 보내기도 했다. 하지만 내 마음 한구석에는 늘 Y대에 대한 아쉬움이 남아 있었다.

'국어 영역 점수가 조금만 더 좋았더라면…'

결국 나는 수능을 다시 준비하기로 마음먹었다. 그러나 나한테는 그만한 여력도 부족했거니와, 이미 삼수까지 했기에 더 이상 학점을 버리고 수능에만 전념하는 것은 너무 리스크가 컸다. 그렇게 이도 저도 아닌 상태로 수능 공부와 대학교 학업을 병행하면서 이윽고 네 번째 수능을 응시했다. 수능이 끝나고 교문을 나오며 '나는 이제 정말 할 만큼 했다… 내 인생에서 이제 수능은 없다'고 다짐했던 기억이 지금도 생생하다. 성적은 공부한 만큼 그저 그렇게 나왔다. 이게 내 마지막 수능이었다.

이후 군 입대를 했고, 군대에서 진로에 대한 고민을 정말 많이 했다. 건축학과는 내 적성에 잘 맞았지만 현실은 너무나도 암담했다.

건축업계가 완전히 저무는 상황이었다. 건축학과를 졸업하면 크게는 설계와 시공 직군으로 나뉘는데, 설계를 선택하면 밤을 새서 일을 해도 엄청난 박봉을 받게 되고, 시공을 선택하면 연봉은 좋아도 보통 중동이나 오지 파견을 간다고 했다. 이 중 어느 쪽도 내 생활 패턴이나 성향과 딱 맞는다고 느껴지지 않았다. 그래서 생각한 것이 5급 행정고시 기술직(이하 '기술고시')이었고, 제대 후 기술고시 준비를 시작했다.

하지만 이때도 여전히 나는 공부법에 대해 갈피를 잡지 못했다. 막상 책을 펼쳐도 어디서부터 어떻게 손을 대야 할지 전혀 감이 오지 않았고, 서너 번을 읽은 내용이 늘 처음 보는 것처럼 새로웠다. 이렇듯 막막한 상태로 한 달 정도 준비할 때쯤, 문득 내가 건축 설계 쪽으로 진로를 선택한 것도 아닌데 건축학과를 졸업할 필요가 있을까 하는 생각이 들었다. 그래서 혹시나 하고 알아보니 대학교에는 '재입학'이라는 제도가 있다는 것을 알게 되었다. 자퇴를 했어도 일정 요건을 충족하면 입학했던 학번, 과거 학점 등이 그대로 부활한다는 것이었다.

결국 나는 S대에 재입학하기로 마음먹었고, 그와 동시에 기술고시 준비도 한 달 만에 흐지부지 끝나 버렸다. 하지만 덕분에 공부의 방법론에 대한 고민이 다시 시작되었다. 이때의 시행착오는 이후 S대에서 복수전공과 조기졸업에 도전할 때 나만의 공부법을 찾는 계기가 되었고, 지금 하고 있는 컨설팅의 밑바탕이 되어 주었다.

"이번에는 제대로 해 보기로 했다.

남의 기대를 위해서가 아닌,

스스로 목표를 설정하고

준비하는 공부 말이다."

높은 목표는
실천의 원동력이다

S대에 다시 입학했을 때가 스물 다섯 살이었다. 그동안 참 우여곡절이 많았다. 수능을 무려 네 번이나 치렀고, 다른 대학교에서 1년 반을 다니다가 다시 처음 입학한 대학교로 돌아왔다. 반면 동기들은 이미 각자의 전공에 적응하고 진로를 탐색하며 인생의 다음 단계를 준비하고 있는 듯 보였다. 그 격차는 내게 벽처럼 느껴졌고, 스스로가 초라하게만 느껴졌다.

그리고 여전히 컴퓨터공학에는 흥미가 생기지 않았다. 기계공학을 전공하고 싶었지만, S대에는 전과 제도가 없었기 때문에 복수전공이라는 선택지밖에는 없었다. 기존 전공을 유지하면서 또 다른 전공을 병행해야 하니 공부량과 시간 관리가 큰 부담이 될 수밖에 없었다. 하지만 어려워 보여도 내가 하고 싶은 것을 해야겠다고 결심했고, 결국 '공대 복수전공'에 도전하기로 했다.

그러나 단순히 그것만으로는 남들보다 뒤처진 것을 만회할 수 없을 것 같아 '조기졸업'이라는 목표를 추가로 세우기로 했다. 사실 이제 막 새로운 전공을 병행하면서 조기졸업까지 하겠다는 생각은 너무 무모하게 느껴지기도 했다. 하지만 높은 목표를 잡고 부딪쳐 보면 그 절반이라도 이루어 낼 수 있지 않을까 하는 생각이 들었다. 그렇게 나는 두 가지 큰 목표를 세우고 도전을 시작했다. '이 모든 과정을 버텨내고 나면 뭔가 달라져 있겠지' 하는 기대감이 있었다.

도전을 하면서 맨 처음 내가 한 것은 바로 졸업 전까지의 계획 세우기였다. 단순한 계획이 아닌, 남은 학기 동안 무슨 과목을 수강할지, 어떤 학점을 목표로 해야할지 아주 구체적이고 상세한 계획이었다. 하지만 인생에서 한 번 뿐인 대학교 생활, 공부로만 채우고 싶지는 않았기 때문에 어떤 학기에 무엇을 하면서 놀지에 대한 계획도 추가했다. 또한 조기졸업 후 바로 취업을 해야 지금의 뒤처진 상태를 만회할 수 있다고 생각해서 취업 계획도 추가했다. 그렇게 해서 완성된 최초 마스터 플랜은 31쪽의 그림과 같다.

또한 매 학기마다 구체적인 목표를 설정하고, 중간고사와 기말고사 기간, 일주일 단위로 더 세부적인 목표를 설정했다. 마지막으로는 하루를 세 단계로 쪼개 오전, 오후, 저녁에 할 일을 설정했다. 이렇게 계획을 세우는 방법은 당시로부터 12년이 지난 현재까지도 내 계획

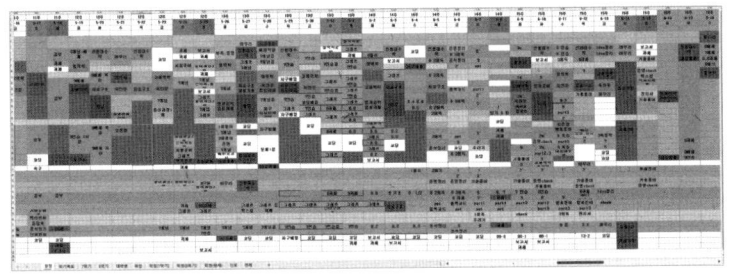

각종 계획을 추가하여 다듬어진 나만의 최초 마스터 플랜

의 토대가 되고 있다.

디테일한 계획이 세워졌다면 그 다음은 실천해야 한다. 매일 아침 8시에 학교 도서관에 도착해 예습과 복습을 했다. 공강 시간에는 여지없이 도서관으로 향했고, 수업 사이에 어정쩡하게 남는 5분, 10분마저도 공부 시간으로 만들었다. 그리고 하루의 모든 수업이 끝나면 다시 도서관으로 가서 공부를 했다. 그 와중에 노는 계획도 착착 진행했다. 야구 동아리와 대학교 연합 동아리 등에 가입해 노는 시간에는 모든 것을 다 잊고 몰입했다.

이렇게 복수전공과 조기졸업이라는 목표를 향한 첫 발걸음을 내디뎠다. 처음에는 남들보다 뒤처진 것을 만회해야겠다는 생각으로 시작했지만, 시간이 지날수록 이 목표는 내가 어디까지 할 수 있는지를 증명하는 도전이라는 생각이 들었다. 이미 수많은 좌절과 고통을 겪었기 때문에 이번에는 결코 물러서고 싶지 않았다. 그리고 오로지 스스로 세운 목표이자 나를 위해 세운 목표였기에, 이 도전은 점점 더 나를 단단하게 만들었다.

결국, 높은 목표는 내게 큰 부담인 동시에 실천의 원동력이 되었다. 이 부담감이 없었다면 아마도 그냥저냥 학교를 다니다가 무난히 졸업했을지도 모른다. 하지만 직접 높은 목표를 세우고 매일 할 일을 습관처럼 해낸 경험은 내 안의 자립과 성장을 이끌어 내었다. 목표의 수준이 높을수록, 그에 맞춰 몸과 마음이 긴장하고 실행력도 커졌다.

그렇다고 목표는 무조건 높이 잡아야 한다고 말하고 싶은 것은 아니다. 결국 중요한 것은 '그냥 계속하는 힘', 즉 매일의 작은 실천을 이어 나가는 힘이었다. 높은 목표는 여기에 조금 더 추진력을 보태 주었다. 목표가 아예 없이 그냥 해 나가기만 하면 가끔은 의심이 들거나 길을 잃을 수 있지만, 목표가 높을수록 지금 이 순간 왜 공부를 해야 하고, 왜 한시라도 더 아껴야 하는지가 분명해지기 때문이다. 그런 간절함이 있을 때 바로 실행에 돌입하기도 훨씬 쉽다.

이 이야기는 꼭 대학 시절에만 국한되는 건 아니다. 시험이나 자격증을 준비하든, 완전히 새로운 분야에 도전하든, 혹은 지금의 생활을 크게 바꾸고 싶든, 목표를 높게 잡으면 그만큼 몸과 마음이 따라 움직이게 된다. 그리고 매 순간 그냥 한다는 마음가짐으로 일상의 디테일을 채워 나가다 보면, 어느 날 이전과는 전혀 다른 내가 되어 있을 것이다.

　이때 수많은 시행착오를 거쳐 목표에 도달한 경험은 내 삶을 스스로 개척해가는 힘이 되었고, 이후 내가 또 다른 도전을 할 때마다 겁내지 않는 근거가 되었다. 또한 이때 세웠던 계획들은 지금까지도 일상과 공부를 설계하는 기반이 되고 있다.

비로소 깨닫게 된
공부법

　　　　　　복수전공과 조기졸업이라는 두 가지 목표를 동시에 이루는 과정은, 당연히 어려울 줄은 알았지만 생각보다 훨씬 더 험난했다. 무엇보다 컴퓨터공학과 기계공학은 요구하는 과제나 학습 방식이 전혀 달랐다. 하나의 과목을 끝내고 나면 전혀 다른 종류의 공부가 기다리고 있었다. 게다가 매주 이어지는 과제와 시험들도 끊임없는 압박으로 다가왔다. 어떤 주는 시험 준비와 과제가 겹쳐 정말 눈코 뜰 새 없이 바쁜 나날들을 보내야 했다. 새벽까지 과제를 끝내고 겨우 몇 시간 눈을 붙인 뒤, 아침 일찍 강의실로 향하는 일도 반복됐다.
　　때로는 이 모든 노력이 헛수고로 돌아가는 것이 아닌지 불안하기도 했다. 그때마다 예전에 공부 방향을 잘못 잡고 계속 헤맸던 기억, 내가 노력한 만큼 결과가 나오지 않았던 괴로운 기억들도 떠올랐다. 하지만 과거 네 번의 수능 응시 경험과 고시 준비의 경험이 있어서인지 제대로 된 공부 방향을 잡아가는 데 그리 오래 걸리지 않았고, 이전의 내 잘못된 습관들도 단번에 파악이 되었다.

특히 두 전공을 동시에 소화하면서, 무엇보다 공부에는 '전략'이 필요하다는 것을 느꼈다. 각 과목이 요구하는 사고방식과 특성, 시험 유형 등에 맞는 맞춤형 공부법을 찾아야 한다는 점을 깨닫게 된 것이다. 예를 들어 컴퓨터공학에서는 논리적 사고와 문제 해결 능력이 중요했다. 단순히 코드를 외우는 것을 넘어 코드를 작성해 문제를 해결하는 사고력을 키우는 것이 필수적이었다. 반면 기계공학은 수학적 계산과 물리적 개념에 대한 깊은 이해를 요구했다. 복잡한 수식을 다루거나 기초 물리 원리를 적용하지 못하면 전공 과목을 따라가는 것 자체가 어려웠다. 컴퓨터공학에서 강조하는 문제 해결력과 기계공학에서 요구하는 수학적 해석 능력이 한데 어우러지는 과정을 경험해 보니, 공부가 단순히 머릿속에 지식을 집어넣는 작업만이 아니라는 걸 확실히 느낄 수 있었다.

교양과목들도 교양이라는 하나의 카테고리 안에 있을 뿐, 과목별 공략법은 천차만별이었다. 예를 들어 주관식 시험인지 객관식 시험인지, 혹은 시험 문제가 강의 자료(PPT)에서 출제되는지 두꺼운 교재 여러 권에서 나오는지에 따라 공부의 전략이 완전히 달라야 했다. 문제는 끈질긴 '시간 투입'이 아니라, '정확한 공부법'을 찾는 데 달려 있었다.

한편 이런 다양성에도 불구하고, 공부에 공통적으로 적용되는 본질이 있다는 것 또한 알게 되었다. 결국 공부는 단순히 시간을 들이는 것이 아니라 실질적인 실력 상승으로 이어지게 하는 것이 핵심이었다. 공부가 괴롭고 고통스러울수록 실력과 직결되었고, 쉽고 편할수록 일시적으로 공부한다는 착각은 들었지만 아무런 변화를 주지 못했다. 예를 들어 단순히 눈으로 교재를 읽는 행위, 아는 내용을 반

내가 발견한 공부의 본질

1. 공부는 아는 것과 모르는 것을 구별하는 데서 시작된다.
2. 실력 상승에 직결되지 않는 비효율적인 시간을 최소화해야 한다.
3. 쉬운 공부로는 실력을 늘릴 수 없다. 모르는 것을 내 것으로 만드는 공부, 즉 괴롭고 고통스러운 공부가 결국 내 실력을 만든다.
4. 계획은 공부에 있어 필수적이다. 효율적인 계획을 통해 목표 달성이 더 확실해지고, 모든 공부 행위에 당위성이 부여된다.
5. 한 번 길게 공부하는 것보다 짧게, 자주, 반복적으로 학습하는 것이 훨씬 효과적이다.

복적으로 공부하는 행위, 모르는 내용을 피하거나 어려운 부분을 미루는 행위 등은 전혀 도움이 되지 않았다. 공부는 나의 한계를 깨뜨리고 새로운 것을 익히는 과정이기에 당연히 고통스러울 수밖에 없는 것이다.

또한 공부에 있어 계획의 중요성을 뼈저리게 깨닫게 되었다. 대학교에서의 공부량은 고등학교 시절과는 비교할 수 없을 만큼 많았다. 특히 복수전공과 조기졸업이라는 목표를 세운 나는, 한 학기 동안 소화해야 할 과목 수와 공부량이 다른 사람들보다 훨씬 많았기에 계획을 세우는 것은 필수적이었다. 계획 없이 공부를 하면 막연히 시간을 흘려보내거나, 같은 내용을 반복적으로 공부하는 비효율적인 상황이 생기기 마련이다. 하지만 계획에 맞춰 공부를 진행하면 학습 효율성이 눈에 띄게 좋아진다. 나는 주간 목표를 설정하고, 매일 공부할 내용을 구체적으로 정리하며, 내가 공부했던 내용을 체크해 나가는 방식으로 학습했다. 그렇게 재입학 직후 세웠던 계획에 맞춰 차근차근 목표했던 학점들을 충족하고, 졸업학기 취업 준비도 진행해 나갔다.

어느덧 눈코 뜰 새 없이 바쁘게 지냈던 5학기가 끝났고, 나는 결국 불가능이라고 생각했던 목표를 모두 달성했다. 7학기 조기졸업이었지만, 반수했던 학기에서 모두 F를 받았기 때문에 사실상 6학기만에 조기졸업한 것이었다. 동시에 졸업 학기에 대기업인 L사 화학과 S사 디스플레이에 취업까지 하게 되었다. 이러한 성취는 나의 인생을 바꾼 전환점이자 지금의 나를 이루는 밑거름이 되었고, 앞으로도 나를 이끌 견인차가 되어 줄 것이다.

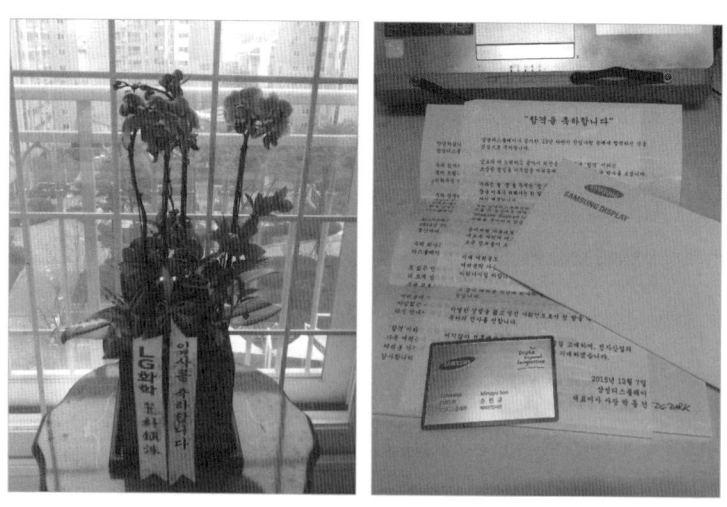

대기업 입사를 체감했던 기념 화환과 편지

나는 한 번도
실패를 경험하지 않았다

　　　　　　부모님은 내가 수능을 네 번이나 봤다는 사실, 대학교를 자퇴하고 다른 학교로 옮긴 것 모두를 '실패'로 여기셨다. 어쩌면 부모님에게 나는 정상적인 경로에서 한참 벗어난, 실패의 연속을 겪고 있는 자식이었을지 모른다. 나 또한 대학교 졸업 전까지 이렇게 풍파를 겪을 거라고는 전혀 예상하지 못했다. 하지만 나는 내가 그저 실패했다고 규정되는 것이 너무나도 싫었다. 물론 목표로 했던 결과를 달성하지 못한 것은 사실이지만, 그동안 내가 얼마나 많은 시간을 들여 노력했는지, 얼마나 좌절을 극복하려고 애썼는지 부모님은 알지 못했다.

　　실제로 1년 반 동안 다녔던 건축학과에서의 경험은 내게 정말 큰 자산이 되었다. 처음 건축학과에 입학했을 때, 나는 건축을 그냥 막연히 설계와 디자인을 배우는 것이라고만 생각했다. 그러나 막상 수업을 듣고 과제를 하다 보니, 건축학은 그 이상으로 다양한 역량을 요구하는 분야라는 것을 알게 되었다. 설계도 작성뿐 아니라 구조 계산, 건축 법규, 공간 계획 등 여러 가지를 함께 배워야 했다. 이론과 실습을 병행하면서 창의적인 문제 해결 능력을 길렀고, 팀 프로젝트를 통해 협업의 중요성을 절실히 깨달았다.

특히 건축학과에 다니면서 얻은 가장 큰 수확은 '잠'에 대한 고정관념을 바꾼 것이었다. 그전까지 나는 하루에 7~8시간 이상 잠을 자지 않으면 하루를 정상적으로 보내기 힘들다고 생각했다. 그런데 건축학 수업 과제들이 쏟아지면서 어쩔 수 없이 잠을 줄였는데도, 일상에서 내가 우려했던 큰 문제가 없었다. 정신도 말짱하고 집중력도 괜찮았다. 물론 몸에 부담이 가거나 나중에 잠을 몰아서 자기도 했지만, 잠을 줄여야 하는 시기에는 줄이고 해야 할 일에 몰입하는 경험을 통해 나는 내 한계에 대해 새로운 인식을 가지게 되었고, 필요할 때는 취침 시간을 유연하게 관리하는 방법을 배웠다.

또한 건축학과에 다니면서 캐드(CAD), 3D맥스(3ds Max) 등 2D/3D 툴을 틈틈이 연마하고 캐드 관련 기능사 자격증을 취득한 경험은 훗날 대기업 지원 시 자기소개서의 한 단락을 차지했다. 그리고 실제로 L사에서 개발자로 재직할 때도 2D/3D 툴이 업무에 상당한 도움을 주었다. 변리사 시험 합격 후 특허사무소에 지원했을 때 역시 당시 경험들을 자소서에 녹여 냈고, 우리나라 최고의 K로펌 합격에 조금이나마 기여하지 않았을까 생각한다.

주변 사람들은 시험에 여러 번 도전하고 원하는 결과를 얻지 못하면 실패라고 말할 수도 있다. 그러나 중요한 것은 내가 목표를 이루었느냐보다도, 목표를 위해 얼마나 최선을 다했느냐이다. 최선을 다했다면 결과가 어떠하든 나에게는 의미 있는 시간이며, 인생에 어떻게든 도움이 될 것이라고 생각한다.

예를 들어 공무원 시험에 몇 년 동안 도전했지만 연이은 불합격으로 사기업에 취업한 수험생 A와 B가 있다고 하자. A는 수험 기간 내내 그저 적당하게 공부했고, 이따금씩 다른 유혹에 빠지기도 했다. 그러다 결국 수험판을 떠나 사기업에 취업했지만, 불합격의 원인을 외부 요인 탓으로 돌리며 계속 불만을 품거나 시험에 미련이 남을 수도 있다.

반면 B는 시험에 모든 것을 쏟아부으며 자신의 한계를 극복하기 위해 끊임없이 노력했다. 따라서 시험에 불합격하더라도 후회 없이 새로운 길을 찾아 그 길에 몰두할 수 있을 것이다. 자신이 어디까지 해낼 수 있는지 알기 때문이다.

명심해야 할 점은, 실패의 과정이 진정한 배움으로 이어지기 위해서는 하루하루를 의미 있게 보내야 한다는 것이다. 나태하고 게으르게 보낸다면 결국 남는 것은 후회와 자책뿐이다. 나는 내가 어디에 속해 있든, 무엇을 하든 무의미하게 보냈던 시간은 없었다고 자부한다. 학창 시절에도, 수능을 준비할 때도, 대학생 때도, 변리사 수험생 때도, 그리고 지금 이 순간에도 내가 할 수 있는 만큼을 하며 하루하루 살아가고 있다.

온전히
내 실력이다

수능을 네 번이나 치렀다는 사실은 스스로에게도 부끄러운 사실이었다. '왜 나는 네 번이나 수능을 봐야 했을까?'라는 질문은 오랜 시간 동안 나 자신을 괴롭혔다.

중학교 시절 내 성적은 중위권에서 중상위권 정도였다. 고등학교는 이른바 공부를 잘 못하는 학교에 진학했는데, 그곳에서는 전교 10~40등 안팎에 들곤 해서 스스로를 꽤 공부 잘하는 학생이라고 생각했다. 그러나 이 착각은 고등학교 2학년 여름, 서울 목동으로 전학을 가면서 완전히 깨졌다. 첫 시험에서 내 전교 등수는 전학 전의 10배로 밀려났고, 처음으로 내 능력의 한계를 절감했다.

하지만 문제는 이 현실을 받아들이는 데 있었다. 나는 나의 부족함을 인정하지 못했다. 첫 수능에서 평균 3등급이라는 성적표를 받아 들었을 때도 잘 봤던 모의고사 성적을 떠올리며 '운이 나빴다', '시험장에서 컨디션이 좋지 않았다'는 핑계로 현실을 부정했다.

재수는 또 다른 도전이자 실패였다. 수학에서 특히 자신 있었던 나는 6, 9월 모의고사 성적이 상위 1~2%에 들었지만, 본 수능에서는 3등급 중에서도 하위권 수준으로 곤두박질쳤다. 모의고사에서 나왔던 성적은 운이 좋았을 뿐이고, 수능에서 받은 성적이 진짜였음에도 나는 가장 잘 나온 성적이 내 실력이라고 합리화 했던 것이다.

대학 입학 후에도 등굣길 신촌역에서 Y대 과잠을 입은 학생들을 볼 때마다 '내가 있을 곳은 여기가 아닌데'라는 생각에 매번 괴로웠다. 그래서 연거푸 수능을 응시했지만, 기대 이하의 성적에 '운이 없었다'며 자존심을 지키려고만 했다.

그러다 어느 순간, 내가 수능을 네 번이나 본 이유는 온전히 나 자신에게 있음을 깨달았다. 나는 매번 실패를 내 실력으로 인정하지 않았고, 그 결과 같은 실수를 반복했던 것이다. 나는 수험판이 얼마나 냉정한지, 그리고 자기합리화가 얼마나 위험한지 네 번의 수능을 통해서야 뼈저리게 깨달았다.

이후 변리사 시험을 준비하면서 나는 과거와는 완전히 다른 태도로 시험에 임했다. 변리사 1차 시험 직전 모의고사에서 50점대를 받았을 때, 핑계를 대는 대신 점수는 곧 내 실력이라는 것을 받아들이고 부족한 부분을 철저히 보완했다. 이 변화된 태도가 1차 시험에 합격하는 결과를 가져왔다. 2차 시험 첫 번째 응시에서 0.44점 차이로 불합격했을 때도, 누군가는 너무 아까운 점수라고 생각할 수 있었지만 나는 자기 위안 대신 부족한 점을 냉정하게 분석하여 두 번째 응시만에 최종 합격을 이루어 냈다.

    결국 과정도 중요하지만 결과도 중요하다. 실패를 받아들이지 않으면 발전도 없기에, 실패를 분석해 개선하는 용기를 가져야 한다. 고통스럽고 때로는 부끄럽겠지만, 냉철하게 자신을 돌아보고 부족한 점을 메워가는 것만이 합격으로 가는 길이다.

"실패의 과정이

진정한 배움으로 이어지기 위해서는

하루하루를 의미 있게 보내야 한다."

02

인내는
쓰고
합격은
달다

시험 공부를 통해 얻은 것은 단순히 한 장의 자격증이 아니었다. 나 자신에 대한 확신, 어느 환경에서도 버틸 수 있는 마음가짐, 효율적 공부법의 강력한 효과에 대한 생생한 체험이었다.

현실과 타협하다

 목표한 조기졸업까지 1년 남은 시점에 진로에 대한 깊은 고민에 빠지게 되었다. 진로에 대한 생각은 그간 꾸준하게 해왔지만, 이제는 정말로 진지하게 결정해야 할 때가 온 것이다. 내가 생각한 선택지는 최상위권 대학원 진학, 대기업 및 공기업 취업, 고시 준비, 전문직 도전 등 생각보다 다양했다. 그러나 이 중 어느 하나도 명확하게 나에게 맞는 답처럼 보이지 않았다.
 '과연 어떤 길이 나에게 가장 잘 맞을까?'
 여건만 된다면 가장 하고 싶은 것은 고시 준비나 전문직 도전이었다. 대학교에서 어느 정도 공부법에 따른 성과들을 경험했기 때문이었다. 하지만 부모님의 기대와 압박 속에서는 결코 다시 공부하고 싶지 않았다. 시험날이 다가올 때마다 느꼈던 불안감과 긴장감, 그리고 실패했을 때 마주해야 했던 부모님의 실망은 여전히 나에게 큰 트라우마로 남아 있었다. 결국 고시 준비와 전문직 도전은 가장 하고 싶은 것이었지만 환경이 허락하지 않았기 때문에 접기로 했다.

그럼 차선책은 뭐가 있을까? 공대 복수전공에 전공 학점이 좋아 자연스럽게 생각한 것이 최상위권 대학원 진학이었다. 특히 컴퓨터공학과 기계공학 두 전공을 연결하는 학문적인 시너지를 만들어 낼 수 있지 않을까 하는 막연한 기대가 있었다. 그리고 연구자로 성장하여 교수가 되는 길 또한 고시나 전문직만큼 좋아 보였다. 그토록 학벌을 외쳤던 아버지도 분명 반기실 선택지라고 생각했다.

졸업을 앞두고 진로에 대해 상의도 할 겸, 나는 부모님께 슬쩍 대학원 진학에 대한 이야기를 꺼내 보았다. 하지만 돌아온 반응은 내 예상을 완전히 빗나갔다. 아버지는 "대학원은 학점이 안 좋은 애들이나 가는 곳이다. 당연히 대기업에 들어가야지, 무슨 대학원은 대학원이냐!" 하며 역정을 내셨다. 아버지는 문과 출신으로 한 회사에서 오랜 기간 근속하며 승진을 거듭하고 있었다. 그래서인지 아버지에게는 대기업에 입사해 안정적인 경력을 쌓는 것이 올바른 길이고, 대학원은 학점이 좋지 않거나 현실을 도피하려는 사람들이나 가는 곳이었던 것이다.

그리고 새삼 다시 깨달았다. 내가 완전한 경제적, 심리적 독립을 이루지 않는 한 부모님의 굴레에서 벗어날 수 없다는 사실을. 아무리 내게 대학원 진학이 의미 있고 중요하다고 해도, 부모님은 나의 결정을 진심으로 응원하지 않을 것이 뻔했다. 끊임없는 기대와 평가를 견뎌 내야 하는 상황을 나는 감당할 자신이 없었다.

 대학원 얘기를 꺼낸 이후, 조기졸업과 취업 준비를 부모님께 비밀로 하기로 결심했다. 하나라도 이루지 못했을 때 돌아올 실망과 비난을 피하고 싶었기 때문이다. 대신 대기업 취업 준비를 시작함과 동시에 또 다른 나의 길을 조용히 다짐했다.

 '내가 독립해서 완전히 부모님으로부터 벗어나는 그때, 내가 깨우친 공부법이 맞는지 반드시 시험해 보겠다.'

 그렇게 대기업 취업을 준비했고, 2015년 12월 중순에 L사 화학과 S사 디스플레이로부터 합격 통보를 받았다. 나는 2차전지 분야가 향후 유망할 것이라고 확신했기 때문에 S사에는 입사하지 않겠다는 의사를 전했다. 취업에서 한시름 놓았지만 방심할 수 없었다. 마지막 학기 기말고사에서 일정 성적을 받지 못하면 조기졸업과 취업이 물거품이 되기 때문이었다.

 결국 기말고사 학점이 발표되고 조기졸업이 확정되었을 때에야 부모님께 사실대로 말씀드렸고, 그렇게 대기업에서 사회생활 첫 걸음을 시작했다. 하지만 내 안에는 여전히 공부에 대한 도전 욕구가 남아 있었다. 지금은 잠시 접어두지만, 언젠가는 내가 진정으로 원하는 꿈과 목표를 향해 나아가기로 마음먹었다.

새로운 목표가
생기다

나에게 대기업 입사는 경제적인 독립을 이루고, 그 이후에 진정으로 내가 원하는 일을 준비할 시간을 만들기 위함이었다. 한마디로 '대기업'이라는 타이틀을 얻기 위해서가 아니라, 나의 삶을 주도적으로 이끌어 가기 위한 출발점으로 이 길을 선택한 것이었다.

하지만 입사 후 1년간은 정말 아무 생각 없이 살았던 것 같다. 어쩌면 내가 동경해 왔던 '어른의 삶'이란 바로 이런 것일 거라고 생각했다. 대기업 '뽕'으로 어깨에 힘도 주고 다니고, 태어나서 처음으로 자취도 시작했다. 매달 월급이 통장에 꽂히고, 내가 번 돈으로 사고 싶은 물건을 자유롭게 살 수 있다는 사실은 말로 다 표현할 수 없을 정도로 짜릿했다.

그렇게 1년은 힘들었던 지난 날들에 대한 보상이라 합리화하며 목표도, 목적도 없이 살았다. 그러다 보니 어느새 매달 안정적인 월급을 받으며 그저 적당히 만족스러운 하루를 보내는 데 익숙해졌고, 반복되는 생활에 조금씩 권태를 느끼기 시작했다. 처음에는 열심히 배우고 일하느라 정신이 없었지만, 점점 일에 대한 루틴과 여유가 생기면서 시야가 넓어지기 시작했다.

그러면서 내가 잊고 살아왔던 지난 다짐이 슬그머니 고개를 들기 시작했다.

'내가 독립해서 완전히 부모님으로부터 벗어나는 그때, 반드시 공부로 승부를 볼 수 있는 시험에 도전하리라.'

내가 경험하고 터득한 공부법이 진짜로 효과적인지를 증명하고 싶었다. 목표 없는 삶 속에 점점 내 자신을 잃어가고 있다는 느낌이 들면서, 이제는 새로운 목표를 세워야 할 때라고 생각했다.

그래서 우선 한 달 정도의 시간 동안 어떤 시험에 도전할지 결정하기로 마음먹었다. 합격을 통해 내 공부법이 정말 효과적인지를 검증해야 했기 때문에 최상급의 난이도를 갖춘, 도전할 만한 가치가 있는 시험이어야 했다. 또한 내 인생 마지막 시험이었기에 합격 이후의 직업적 만족감도 어느 정도 있어야 했다.

새로운 목표가 생기니 내 삶은 자연스럽게 변해 가기 시작했다.

이전에는 퇴근 후 그저 맥주 한 캔을 들고 침대에 누워 유튜브를 보거나 스포츠 게임을 하는 것이 나의 일상이었다. 하지만 목표가 생기면서, 퇴근 후 대형 서점에 들러 수험서를 살펴보는 것이 새로운 일상이 되었다. '도전할 만한 시험은 뭐가 있을까?', '각 시험 과목들은 어떤 내용을 다루고 있을까?' 생각하면서 수험서 코너를 돌아다니다가 눈길이 가는 책이 있으면 목차와 내용을 훑어보았다.

온라인에서도 다양한 시험 정보를 찾아보기 시작했다. 네이버와 구글을 통해 시험 관련 커뮤니티를 찾아보고, 사람들이 어떻게 시험을 준비하고 어떤 어려움을 겪는지 꼼꼼히 살펴보았다. 또한 합격수기를 통해 시험의 난이도나 준비 과정을 알아갔다. 이렇게 매일 조금씩 정보를 모아 가다 보니, 그동안 무기력하게 느껴졌던 일상이 전혀 지루하지 않았다. 물고기가 물을 만난 듯 내 몸과 정신이 다시 살아나는 기분이었다.

가장 먼저 떠올랐던 시험은 '사법고시'였다. 누가 뭐래도 사법고시는 우리나라 최상급 난이도의 시험이었다. 내가 직업을 마음대로 하나 고를 수 있다면 '검사'를 고를 만큼, 법조계 일도 매력적으로 느껴졌다. 하지만 문제는 그 당시 사법고시가 이미 폐지되고 로스쿨 제도로 전면 개편된 상태였다는 것이다. 사법고시가 부활한다든지 로스쿨 제도와 병행해서 운영될 수 있다는 이야기도 있었지만 그것은 어디까지나 소문일 뿐이었고, 당장 도전할 수 있는 현실적인 길을 찾는 것이 맞다고 생각했다. 로스쿨도 고려했지만, 로스쿨 입학과 변호사 시험은 최상급 난이도의 시험 합격을 통해 내 공부법을 검증하겠다는 목표에 부합하지 않았다.

다음으로 생각한 것은 행정고시 기술직, 즉 당시의 '기술고시'였다. 기술고시는 명예와 안정성을 모두 얻을 수 있는 시험이었고, 난이도 역시 최상이었기 때문에 도전할 가치도 있었다. 합격하면 고위 공무원으로서 정책을 다루는 중요한 역할을 맡게 되는 점도 나름대로의 성취감을 줄 수 있을 것 같았다. 그러나 나는 서울에서 생활하기를 고집해 왔던 만큼 세종 근무가 걸림돌이었다. 게다가 기술고시 출신의 경우, 행정고시 출신에 비해 승진의 한계가 뚜렷하고 근무 부처도 제한적이라는 이야기를 들었다. 결국 기술고시는 직업적 만족도도 어느 정도 높아야 한다는 조건에 부합하지 않았다.

다양한 시험을 탐색했지만 마땅한 시험이 떠오르지 않아 답답함을 느끼던 무렵, 현재 아내와 연애를 시작했는데 아내의 여동생이 변리사 시험을 준비하고 있다는 사실을 알게 되었다. 사실 대학교 시절, 한번쯤 변리사를 생각해 본 적이 있었다. 그러나 서점에서 특허법 책을 보자마자 그 두께에 먼저 압도되었고, 펼쳐 보니 너무나도 생소하고 어려운 내용에 엄두가 나지 않아 바로 책을 덮었던 기억이 있다. 그날 진로 관련 엑셀 탭에 '변리사 진짜 죽는다'라고 적어 놓기까지 했다.

하지만 다시 한번 변리사 시험을 생각해 보기로 했다. 인터넷 검색을 통해 시험의 난이도와 과목 등에 대해 조사해 보니, 변리사 시험은 현존하는 시험 중에서도 최상급의 난이도라고 했다. 또한 직업 자체도 내 가치관과 성향에 잘 맞는 것 같았다. 실력과 실적에 따라 수입이 달라질 수 있다는 점이 매력적이었고, 서울에서 근무할 수 있다는 점과 정년이 없다는 점도 큰 장점이었다.

이제 이 시험이 내가 도전할 만한지 확인하는 차례였다. 서점으로 달려가 시험에 필요한 교재들을 하나씩 집어 들고 목차와 내용을 확인했다. 특허법, 상표법, 민법, 민사소송법 등 처음 접하는 과목들이 많았고, 기출문제도 살펴보니 왜 최상급 난이도라고 하는지 알 것 같았다. 하지만 그렇다고 못 붙을 시험은 아니라는 생각이 들었다.

변리사는 매력적인 선택지였다. 마지막 숙고의 시간을 가지며 신중하게 시험에 대한 정보를 탐색하고 모았다. 이 시험은 나에게 단순한 직업 선택 이상의 의미를 가질 터였다. 나 자신의 한계를 시험해 보는 한편, 그동안 잊고 지내던 꿈과 삶의 의미를 되찾을 기회라고 생각했다. 숙고 끝에, 나는 변리사 시험에 도전하기로 결심했다. 다만 부모님께는 알리지 않고 공부를 해야 했기 때문에, 퇴사는 뒤로 미루고 일단 교재와 인강을 결제했다.

그렇게 나는 직장 병행 수험생이 되었다. 변리사라는 뚜렷한 목표가 생기자 나의 일상과 생활 습관은 저절로 바뀌었다. 해야 할 일이 있다는 생각만으로도 이전과는 전혀 다른 에너지가 솟구쳐 올랐다. 내 삶이 다시 한번 분주해지기 시작한 것이다.

그러면서 회사에 대한 불만도 점점 더 선명해지기 시작했다. 딱히 내가 다니고 있는 회사만의 문제라기보다 회사원으로서의 삶에 조금씩 한계를 느끼기 시작했던 것이다. 업무의 비효율성, 윗사람들의 무능함, 예고 없이 진행되는 조직 개편 등…. 사실 그동안 나는 이 정도는 모든 직장인이 겪는 것이라고 생각하며 대수롭지 않게 넘겨왔다. 대기업에서 받는 안정적인 월급과 사회적인 지위 덕분에 그런 사소한 불만들이 내 삶 전체를 부정적으로 만들지는 않았던 것이다. 하지만 목표가 생기고 나니 그동안 억눌러 왔던 회사에 대한 불만들이 점점 더 또렷하게 느껴졌다.

또한 내가 회사원으로서 어떤 의미 있는 성취를 이룰 수 있을지에 대한 의문도 들기 시작했다. 대기업은 안정적인 근무 환경을 제공하지만, 노력한 만큼의 보상을 받지 못하는 한계가 명확했다. 대기업에서 흔히 '꽃'이라고 불리는 임원도 내게는 별로 매력적이지 않았다. 애초에 실력만으로는 임원이 되기 어렵다는 사실을 알 정도로 회사 생활은 이미 충분히 한 상태였다. 과연 회사에 남는 것이 내 인생에서 의미 있는 일일까? 변리사 합격도 합격이지만, 내 미래를 위해 대기업을 탈출해야겠다는 또 하나의 목표 또한 명확해졌다.

두 번째 직업,
직장인 수험생

처음 변리사 시험 계획은, 회사를 다니면서 1차 시험에 합격하자마자 멋지게 퇴사한 뒤 전업으로 2차 시험을 준비하는 것이었다. 처음에는 열정이 넘쳤다. 구매한 민법 책이 오자마자 '이제 시작이다!'라는 마음가짐으로 바로 인터넷 강의를 수강하며 공부에 돌입했다. 하지만 이내 현실의 벽에 부딪혔다. 직장 생활을 병행하면서 공부하는 것은 생각보다 훨씬 더 어려웠던 것이다.

먼저 오랫동안 손을 놓고 있던 공부에 다시 집중하는 것이 쉽지 않았다. 자유롭게 공부하고 놀 수 있었던 대학생 때와는 달리, 이제 나는 직장이 우선이어야 하는 직장인이었다. 바쁜 직장 생활 속에 시간을 보내던 내가 다시 옛날처럼 공부에 집중할 수 있을 것이라는 생각이 너무나 순진했다는 것을 깨닫는 데는 그리 오래 걸리지 않았다. 활활 타올랐던 열정도 2주 정도 되니 사그라들었다. 퇴근 후 집에 돌아오면 이미 온몸이 피곤했고, 자고 싶은 마음이 굴뚝같았다. 책을 펼쳐도 글자들이 눈에 잘 들어오지 않았다. 회사에서의 스트레스와 긴장감이 이렇게 컸었나 싶을 정도로, 퇴근 후 공부에 집중하기란 너무나도 힘든 일이었다.

더 큰 문제는 결혼 준비였다. 변리사 공부를 시작한 즈음 나와 아내는 결혼을 약속했다. 솔직히 말해서 정말 필요한 것들 위주로만 결혼을 준비하면 시간적 여유가 많을 것이라고 생각했지만, 현실은 생각보다 훨씬 더 복잡했고 많은 시간을 요구했다. 일단 예식장을 알아보고 계약하는 과정부터 스드메 결정, 상견례 준비, 웨딩사진 촬영, 예물·혼수 및 신혼집 마련까지 수많은 일들이 차례차례 밀려왔다. 결혼 준비를 하는 1년여 동안 주말 시간을 온전히 할애해야 했고, 결혼식이 다가왔을 때는 청첩장을 돌리기 위해 주말마다 친척들, 지인들과 모임을 가져야 했다. 결혼 준비라는 것이 이렇게 시간과 에너지를 쏟아부어야 하는 일이라는 사실을 그때 알았다.

회사 일도 만만치 않았다. 당시 내가 담당하던 프로젝트는 미국 지사와 협업하여 배터리 모듈을 개발 및 설계하는 일이었다. 미국과 우리나라 간의 시차 때문에 아침 일찍부터 시작하는 회의, 저녁 늦게까지 이어지는 회의가 일상이었다. 아침에 회의를 하고 나면 잠도 덜 깬 상태에서 하루를 시작하는 기분이었고, 저녁에 회의를 마치고 나면 온몸이 지쳐 있었다. 이럴 때는 공부를 시작하기가 더욱 힘들었다. 더 큰 문제는 거의 분기마다 한 번씩 2주 동안 미국 출장을 다녀와야 한다는 것이었다. 해외 출장은 공부에 있어서 큰 장애물이었다. 출장 중에는 회의와 미팅으로 정신이 없었고, 시차 적응으로 인해 머리가 멍한 상태였다. 그리고 시차에 적응할 만하면 귀국해야 했다. 기껏 캐리어에 책을 챙겨 가도 꺼내 볼 엄두도 나지 않았다. 이렇게 출장에서 돌아와 다시 공부를 시작하려고 해도 2주간 놓은 책이 쉽사리 잡힐 리가 없었다.

그렇게 민법 인터넷 강의를 완강하니 6개월이 지나 있었다. 심지어 진도에만 급급한 나머지 아예 복습조차 하지 않았기 때문에 완강 후 머릿속에 남은 것이 없었다. 하지만 아직 들어야 할 인강이 산더미였다. 민법 강의를 완강한 후 특허법 강의를 듣기 시작했지만 역시나 진도만 나가기에도 벅찼고, 그렇게 완강까지 또 반년이 걸렸다. 복습 없이 두 과목 강의를 듣는 데에만 1년이 지나 버린 것이다. 그동안의 순공부시간은 하루도 아닌 일주일 간 고작 12시간이었다. 그래도 결혼식만 끝내고 나면 더 많은 시간을 확보할 수 있을 거라고 스스로를 다독이며 직장 생활, 공부, 결혼 준비를 이어갔다.

결혼식을 무사히 마치고 행복한 신혼여행을 다녀왔다. 이제는 정말 본격적으로 공부에 몰두할 수 있을 것이라 생각했지만, 예상치 못한 또 다른 문제가 있었다. 회사인 양재동과 신혼집인 염창동 사이 출퇴근 시간이 무려 3시간이나 소요되는 것이었다. 출퇴근 시간의 어마어마한 인파 속에 휩쓸리다 보면 집에 도착할 즈음에는 온몸이 녹초가 되어 있었다. 자가용을 이용할 때도 상황은 크게 다르지 않았다. 매일 같이 극심한 교통 체증은 나를 지치게 했고, 그러한 정체 속에서 시간을 허비하는 것이 정신적으로도, 체력적으로도 큰 부담이었다.

'이렇게 해서 과연 변리사 시험을 준비할 수 있을까?'라는 생각이 머릿속을 떠나지 않았다. 하루에 30분이라도 어떻게든 시간을 쪼개어 공부를 했지만, 내 순공부시간은 결혼 전과 변함없이 일주일에 10시간 정도였다. 전업으로 공부해도 수십 번 반복해야 이해하고 숙지할 수 있는 내용을 그 정도 공부해서는 머릿속에 남는 것이 없었다. 이러한 상황은 나를 점점 더 불안하게 만들었다. 마치 구멍이 크게 나 있는 항아리에 물을 붓는 것 같았다.

이대로는 안 되겠다는 생각이 정점을 향해 가던 중, 또다시 해외출장이 잡혔다. 죽도 밥도 안 되는 이 상황에 해외출장이라니…. 스트레스와 불안감이 극도에 다다른 상태에서, 결국 나는 미국의 호텔방에서 새벽에 아내와 통화하다가 울음을 터뜨렸다.

"너무 힘들어. 더 이상 이렇게는 못 버틸 것 같아."

이런 모습을 아내에게 보여 주기 싫었지만, 어디에도 내 심정을 털어놓을 곳이 없었다. 아내는 평소에도 퇴사할 때가 됐다고 생각되면 언제든 미련 없이 퇴사하라고 했었다. 당시에도 나를 위로하며

"이제 정말 퇴사할 때가 된 것 같네! 더 이상 힘들어하지 마"라고 말해 주었고, 그 말은 나에게 큰 힘이 되었다. 통화를 마치고 결국 나는 퇴사를 결심했다. 그때가 2018년 12월이었다.

 귀국 후 바로 회사에 퇴사 의사를 밝혔다. 변리사 시험을 준비한다고 말하기에는 부담스러워 대학원에 진학한다고 둘러댔다. 물론 퇴사를 하는 것이 두렵고 불안하기도 했지만, 동시에 내게 더 많은 자유와 시간을 주는 기회이기도 했다. 이제는 더 이상 회사와 일의 굴레에 얽매이지 말고, 내 인생을 새롭게 써 내려 가자고 마음먹었다. 사실 이때만 하더라도 퇴사해서 공부에 전념하면 합격할 수 있겠다는 자신감이 있었다. 하지만 나를 기다리고 있던 것은 전혀 짐작조차 못한 가시밭길이었다….

퇴사와 함께 찾아온
꿀복이

　　　　　사실 퇴사를 결정하기 전에 우리 부부에게는 중요한 고민이 있었다. 우리는 둘 다 아이를 좋아했고, 나중에 꼭 자녀를 두고 싶다는 생각을 갖고 있었다. 그런데 문제는 타이밍이었다. 시험을 준비하는 동안 아이를 갖는 것이 좋을지, 아니면 시험에 합격한 후가 좋을지 진지하게 논의했다. 내가 전업 수험생으로 공부할 동안 아이가 태어난다면 과연 제대로 감당할 수 있을지 두려웠다. 하지만 한편으로는 아이 갖는 것을 미루고 싶지 않은 마음도 강했다. 시간은 흐르고 있었고, 기회는 무한하지 않다고 생각했기 때문이다.

　고민 끝에 우리는 두 달 동안만 임신을 시도해 보기로 했다. 그 기간 동안 임신이 되면 좋고, 설령 되지 않는다 하더라도 먼저 변리사 시험에 집중할 수 있기 때문에 하늘의 뜻에 맡기자고 했다. 하지만 두 달 동안 소식은 들려오지 않았고, 아쉽긴 했지만 지금은 시험에 집중해야 할 때라고 받아들였다.

하지만 뜻밖의 일이 벌어졌다. 퇴사 절차가 꽤나 복잡해서 아직 부사장님의 마지막 서명을 남겨 두고 있었는데, 퇴사 면담 전날 회사를 마치고 집에 오니 식탁 위에 있는 흰 종이가 눈에 들어왔다. 종이를 열어 보니 선명한 두 줄이 그어져 있는 임신 테스트기 두 개가 있었다. 아내가 지방에 며칠간 내려가 있어야 했기 때문에 어쩔 수 없이 깜짝 이벤트(?)를 준비한 것이었다.

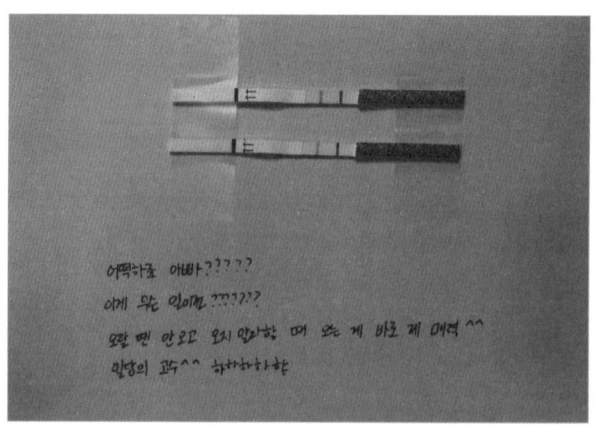

벅차고도 복잡했던 임신 확인의 순간

'내가 아빠라고?'

갑자기 온갖 감정과 생각, 걱정들이 한꺼번에 밀려왔다. 퇴사가 확정된 이 상황에서 임신은 전혀 예상하지 못한 시나리오였다. 그렇다고 이제 와서 퇴사를 번복할 수도 없었다. 그렇게 첫째 꿀복이를 퇴사 선물로 받고, 2019년 3월 나는 전업 수험생이 되었다.

처음 전업 수험생이 되었을 때는 시간의 제약 없이 하루 종일 공부에만 집중할 수 있을 거라고 생각했다. 하지만 아내의 임신으로 나의 일상은 예상치 못하게 다소 복잡해졌다. 임신 초기의 아내는 여러 가지 몸의 변화를 겪고 있었고, 정기적으로 산부인과에 동행해야 했다. 임신 중 필요한 여러 가지 준비물도 챙겨야 했다. 아내가 고생하는 모습을 보며 마음이 아팠고, 동시에 내 역할이 중요하다는 것을 느끼면서 걱정도 커져 갔다. 조금이라도 더 아내를 돕고 싶은 마음, 그리고 과연 이런 상황에서 공부를 제대로 할 수 있을까 하는 걱정이 뒤엉켜 머릿속이 복잡해졌다.

게다가 나는 순공부시간에 굉장한 스트레스를 받고 있었다. 나는 내가 전업 수험생이 된다면 당연히 하루 10시간 정도는 공부할 수 있을 거라고 생각했지만, 현실은 완전히 달랐다. 하루 순공부시간이 6시간을 넘기지 못했던 것이다. 처음에는 결혼 생활, 아내의 임신, 그리고 가정 내에서 해야 할 일 등 환경 탓을 하기도 했다. 하지만 내가 온전히 24시간을 쓸 수 있을 때도 공부 시간에는 변함이 없었다.

이 한계는 나를 끝없는 자괴감으로 몰아넣었다. 합격 수기나 커뮤니티를 둘러봐도 하루 6시간을 공부하고 이 시험에 합격한 사람은 없었다. 합격자들은 하루에 최소 8시간에서 많게는 12시간씩 공부했다고 했다. 내 시간과 그들의 두 자릿수 공부 시간이 한없이 비교됐다. '내가 도대체 뭘 믿고 안정적인 회사를 그만뒀을까?', '이 선택이 정말 옳았던 걸까?' 하는 불안감이 시간이 지날수록 커져 갔고, 아내의 배가 점점 불러오는 것을 보면서 책임감과 중압감도 더 커져 갔다.

그리고 변리사 1차 시험을 약 4개월 앞둔 2019년 10월, 마침내 꿀복이가 태어났다. 아이가 태어났을 때 나는 말로 표현할 수 없을 정도의 벅찬 기쁨을 느꼈다. 하지만 그 기쁨도 잠시, 이내 불안감과 책임감이 덮쳐 왔다.

'이 아이를 책임져야 하는데, 나는 아직 전업 수험생이다⋯. 안정적인 수입 없이 아이와 가정을 잘 돌볼 수 있을까?'

인생 최대의
암흑기

아내가 아이와 함께 조리원에서 집으로 돌아왔을 때, 상황은 예상보다 훨씬 더 정신없었다. 아기가 태어나기 전에도 공부는 쉽지 않았는데, 이제 갓 태어난 아기와 함께 수험 생활을 병행하는 것은 정말로 버거운 일이었다. 아이는 몇 시간 간격으로 깨서 울었고, 아내는 출산 후 몸도 제대로 회복하지 못한 채 밤낮 없이 아이를 돌보며 지쳐 갔다. 그 모습을 볼 때마다 나는 공부를 한다는 것이 큰 죄책감으로 다가왔고, 아이의 탄생이 주는 기쁨과 행복을 충분히 누리지 못하는 내 자신이 너무나 원망스러웠다. 변리사 1차 시험은 4개월도 남지 않았는데 학습 진도는 제대로 나가지도 못하고, 매일 6시간 공부하는 루틴마저 아이가 태어나면서 깨지기 일쑤였다.

아빠, 남편, 수험생, 어떤 역할도 제대로 하지 못하는 내 자신이 너무나도 초라하게 느껴졌다.

공부를 하기 위해 책을 펴고 앉아 있어도 불안함과 죄책감, 후회가 나를 옥죄었다. 하루하루 버티는 게 너무 힘들었고, 합격해야 한다는 압박감은 나를 더 깊은 절망으로 몰아넣었다. 주변과의 소통도 끊었다. 단절 속에서 오로지 공부에만 몰두하려고 했지만, 아이러니하게도 잡생각과 불안은 더 커져만 갔다. 나 혼자 바닥을 치며 허우적거리니 외로움과 고립감이 배가되었다.

그 와중에, 시험 전 마지막 3개월 동안 매달 모의고사를 응시했는데 모두 평균 50점대 점수를 받았다. 변리사 1차 시험은 평균 80점은 넘어야 안정권이고, 보통 커트라인은 70점 중반이었다. 그래도 첫 모의고사는 처음이니 그러려니 할 수 있었지만, 이후의 두 모의고사 역시 평균 50점대가 나오자 실망과 좌절을 넘어 분노, 자기 비하 등의 감정이 동시에 밀려왔다.

숨이 턱턱 막힐 정도로 불안해지자, 나는 어떻게든 이 상황을 벗어나려고 새벽마다 일찍 일어나 명상을 시도했다. 우연히 알게 된 법륜스님의 유튜브 영상 중 내 상황과 비슷한 사례를 찾아 수시로 반복해서 들었다. 비슷한 고민들을 들으며 스스로를 다스리는 법을 배울 수 있지 않을까 하는 기대에서였다. 이때부터 108배도 시도해 보고, 극도로 불안할 때면 스터디카페 인근 절에 찾아가 마음을 다스려 보기도 했다.

정신과를 찾은 것은 내 마지막 선택지였다. 멘탈이 산산조각 난 이 상황을 어떻게든 극복하고 싶었다. 하지만 막상 처방 받은 약은 생각만큼 큰 효과를 주지 못했다. 굉장히 센 약을 받아도 우울감과 불안은 좀처럼 나아지지 않았다. 그래도 '안 먹는 것보다는 낫겠지'라는 생각으로 정신과 약에 의지하며 하루하루를 버텼다.

무기력 속에서 시험 준비를 이어가던 중, 1차 시험을 단 3일 앞둔 시점에 날벼락 같은 문자를 받았다. 코로나로 인해 시험이 무기한 연기된다는 것이었다. 나는 그 당시 합격은커녕 어떻게든 시험을 보고 결과가 나와야 이 깊은 수렁 속에서 빠져나올 수 있을 것이라 생각했다. 그런데 무기한 연기라니 그야말로 망연자실했다.

며칠 뒤, 시험 일정이 원래 예정일로부터 3개월 뒤로 미뤄졌다는 공지가 나왔다. 코로나로 인해 독서실, 도서관, 스터디카페 모두 폐쇄되어 집에서 공부를 이어 나가야 했지만, 이미 집에서의 생활은 무기력과 불안, 우울의 총집합 그 자체였다. 상황이 나를 짓누를수록 정신적으로나 체력적으로나 한계에 가까워졌다.

그 깊은 수렁 속에서 3개월을 버티고, 마침내 1차 시험을 치렀다. 시험이 끝나고 나서도 내가 합격할 것이라는 기대는 전혀 없었다. 집에 와서 가채점을 해야 하는데 너무 떨려서 결국 아내에게 가채점을 맡기고는 집 밖으로 나왔다. 그리고 엄청난 긴장 속에 서성이면서 채점이 끝나기만을 기다렸다. 기다림 끝에 아내가 평균 점수가 적힌 시험지를 내게 내밀었고, 점수를 확인한 순간 나는 주저앉았다. 80.83, 안정적인 점수였다. 기쁨과 안도, 해방감이 한꺼번에 밀려오면서 온몸에 힘이 풀렸다.

   1차 시험 합격은 내게 큰 의미를 남겼다. 바로 지난 세월 동안 몸소 깨우친 공부 방식에 대해 확신을 가지게 되었다는 점이다. 공부에서 중요한 것은 단순히 시간의 양이 아니라 효율적인 방법과 철저한 계획, 그리고 그것을 실행할 수 있는 최소한의 순공부시간이었다. 1차 시험을 준비하면서, 처음에는 '매일 6시간 이상의 순공부시간을 확보해야 한다'는 강박 관념에 사로잡혀 있었다. 하지만 정말 중요한 것은 얼마나 집중력 있게, 효과적으로 공부하느냐였다. 그리고 1차 시험 합격 이후 더 이상 순공부시간에 얽매이지 않게 되었다. 이 깨달음은 이후의 내 수험 생활을 완전히 바꿔 놓았다.

고생 끝
값진 깨달음

　　　　　1차 시험 합격 후, 나의 수험 생활은 훨씬 순조로워졌다. 우선 나의 공부 방식이 통한다는 사실이 엄청난 심리적 안정감을 주었다. 또한 약간의 시행착오 끝에, 2차 논술형 시험의 핵심은 시험에서 요구하는 암기 수준을 충족하고 논리적으로 서술하는 능력임을 깨달았다. 한마디로 책을 외우는 것도 중요하지만, 사례로부터 쟁점들을 누락 없이 정확하게 뽑아 논리적으로 연결시키는 것도 중요했다.

　대부분 수험생들이 객관식 시험인 1차 시험보다는 논술형 시험인 2차 시험을 어려워하지만, 나는 논술의 본질을 꿰뚫고 그에 맞는 공부법을 찾았기에 오히려 2차 시험 준비가 더 수월했다. 물론 법조문,

판례 등 방대한 암기량 때문에 힘들긴 했지만, 2차 시험에서 암기는 시험을 응시하는 자격 정도에 불과했기 때문에 어떻게든 암기를 해야 했다. 그리고 그 과정에서 어떻게 하면 효율적으로 외울 수 있을까 하는 고민과 시행착오를 통해 나만의 암기법 또한 정립할 수 있었다.

따라서 2차 시험을 준비할 때는 하루 5~6시간가량 공부했고, 내 방식에 확신이 있었기에 대부분 수험생이 보는 GS(모의고사)도 수험 기간 내내 거의 응시하지 않았다. 그렇게 첫 번째 2차 시험(동차)을 치렀고, 아쉽게도 0.44점 차이로 불합격을 했다. 하지만 동차 치고는 나름 선방했다는 것에 의의를 두었다.

동차 기간 재밌는 에피소드가 하나 있다. 2차 시험은 원래 7월이었다가 코로나로 인해 10월로 연기되었는데, 시험 첫째 날이 공교롭게도 첫째 아이 돌이었다. (2차 시험은 2일 동안 치른다) 인터넷을 찾아보니 돌은 반드시 챙겨야 한다는 것이 정설이었다. 하지만 시험이 끝나는 시간도 늦을뿐더러, 바로 다음 날 또 시험 준비를 해야 했기 때문에 돌잔치를 여는 것은 아무리 생각해도 무리였다. 게다가 가족, 친지들은 내가 퇴사하고 변리사 시험을 준비하는지도 몰랐다. 그래서 코로나 때문에 모이는 것은 어렵다고 둘러대고, 집에서 아내와 조촐한 '돌 파티(?)'를 하기로 했다. 시험이 끝나자마자 양복으로 갈아입고, 대여한 돌잔치 용품으로 나름대로 돌잡이도 해보고 사진도 찍었다. 그 후 바로 공부를 시작했지만, '아빠로서 첫 돌을 이렇게

밖에 못 챙겨 주나' 싶어 아이와 아내에게 미안한 마음과 함께 시험에 대한 중압감이 뒤섞인 심정이었다.

그래도 두 번째 2차 시험(기득) 준비 기간에는 이전보다 훨씬 안정적인 심리 상태로 공부를 시작했다. 특히 동차 시험에서 소기의 성과를 거뒀기에 그 자신감 그대로 밀어붙였다. 공부 시간은 꾸준하게 5~6시간을 유지했고, 매일 마음을 다잡으며 묵묵하게 공부해 나갔다. 그리고 결국 두 번째 2차 시험에서 최종 합격을 했다.

'합격'이라는 두 글자를 확인한 순간 그동안 쌓인 긴장감과 부담이 눈 녹듯 사라지며 온몸이 후들거렸다. 아내에게 "합격!"을 외치며 달려가서는 아내와 아이를 안고 "이제 드디어 끝났다!"라고 외쳤던 기억이 생생하다. 그러나 정작 눈물은 한 방울도 나오지 않았다. 오히려 그동안 나보다 훨씬 더 고생했을 아내가 눈물을 훔쳤다.

돌이켜 보면, 1차 시험 합격부터 2차 시험 최종 합격까지의 과정은 고통스럽고도 값진 시간이었다. 멘탈이 바닥을 칠 때도 있었고, 하루 6시간조차 제대로 집중하지 못하고 허송세월 보낼 때도 있었다. 아이에게 미안해서 잠 못 이룬 날도 많았고, '차라리 포기하는 게 낫지 않을까?' 하는 생각을 수도 없이 했다. 그럼에도 불구하고 결국 다시 책상 앞에 앉았고, 작은 목표라도 달성해 보겠다는 마음으로 한 걸음씩 나아갔다. 그 끈기가 합격과 그 이상의 값진 깨달음을 선물해 주었다.

내가 겪었던 극심한 우울과 불안은 분명 고통이었지만, 그 과정을 통해 멘탈이 더 단단해질 수 있었다. 그 단단함은 지금까지 내 삶 곳곳에서 커다란 자산이 되고 있다. 시험 공부를 통해 얻은 것은 단순히 한 장의 자격증이 아니었다. 나 자신에 대한 확신, 어느 환경에서도 버틸 수 있는 마음가짐, 효율적 공부법의 강력한 효과에 대한 생생한 체험이었다. 또한 내가 어떤 상황에서 스트레스를 극심하게 받는지, 그 스트레스를 어떻게 극복할 수 있는지, 어떻게 해야 나에게 최적화된 루틴을 만들 수 있는지 등을 변리사 시험 준비를 통해 몸소 깨달았다.

시험은 끝나도, 삶은 계속된다. 그동안의 경험은 앞으로 살아가며 또 다른 어려움과 마주할 때마다 나를 다시 일으켜 세우는 단단한 기반이 되어 줄 것이다. 그것만으로도 그 시간들은 충분히 의미 있었다.

03

완성된
공부법을
알리고
싶었다

내가 궁극적으로 추구하는 목표는, 공부를 통해 자신을 성장시키고 그 역량을 인생의 다른 영역에도 적용할 수 있도록 돕는 것이다.

공부법 책을
출간하다

　중·고등학교 학창시절, 그리고 수능을 네 번이나 치르는 동안 나는 누적 복습, 오답노트 제작, 교과서 다회독, 문제풀이 양치기, 서브노트 작성, 단권화, 깜지 쓰기 등 현존하는 웬만한 공부법은 모두 시도해 봤다. 하지만 대부분의 방법들은 성적으로 직결되지 않았고, 들인 노력만큼 성적이 오르지 않았다. 무엇보다 가장 큰 문제는 도대체 어떤 공부법이 내게 실제로 도움이 되는지 알 길이 없었다는 점이다. 학창 시절에는 '공부 열심히 해라', '좋은 대학을 가야 성공한다'는 말만 들었지, 공부를 어떻게 해야 잘하는지 가르쳐 준 사람은 아무도 없었다.
　이러한 과정에서 분명하게 깨달은 사실은, 단순히 열심히 하는 것만으로는 충분하지 않다는 것이었다. 올바른 방법과 방향성이 없으면 아무리 노력해도 성과를 낼 수 없다는 것을 몸소 경험했다. 하지만 그때 나는 무엇이 올바른 방향인지 알 수 없었기에 직접 부딪쳐서 결과를 얻는 것 말고는 방법이 없었다. 시행착오는 내 일상이었고, 좌절이 끝없이 이어졌다. 그러나 대학 생활을 포함해 무수히 많은 경험이 축적되면서 점차 공부의 본질과 효율적인 방법을 깨닫기 시작했다.

특히 절망 속에서 허덕이던 변리사 수험 생활은, 돌이켜 보면 공부법을 완성시켜 준 중요한 전환점이었다. 더 이상 물러설 곳이 없는 극단적인 상황에서 그 어느 때보다 간절하게 효율과 집중을 추구했고, 그래서 공부법 자체를 더욱 깊이 파고들었다. 바닥을 치는 멘탈 속에서 어떻게든 하루하루 분량을 채워 나가는 동안 나만의 학습 루틴과 시간 관리법이 조금씩 정립되었다. 또한 직접 몸으로 부딪치며 겪은 불안, 고립감, 그 속에서도 버텨야 했던 처절함까지 모두 내 공부법의 바탕이 되었다.

내 공부법은 단순히 이론적인 것도, 공부를 잘하는 사람들의 방법을 따라한 것도 아니다. 대신 내가 직접 실패를 경험하고, 그것을 극복하며 배운 것들을 체계화한 것이다. 만약 내가 단 한 번에 수능에서 성공했거나 대입 이후 모든 과정이 순탄하게 흘러갔다면, 아마도 이토록 깊은 깨달음을 얻을 수 없었을 것이다. 공부를 열심히 해도 성과가 나오지 않을 때의 절망감과 혼란, 여러 방법들을 시도하고도 실패했을 때의 자책감과 허탈함, 그리고 다른 사람들과 나를 비교하며 느꼈던 열등감과 조급함, 이 모든 감정들이 나에게 소중한 자산이 되었다.

따라서 나는 열심히는 하지만 방법을 몰라 좌절하는 사람들을 위해 공부법을 알리고 싶었다. 내 경험을 통해 다른 사람들이 시간을 아끼고 더 나은 성과를 내기를 바랐다. 이러한 생각은 변리사 수험생 때부터 구체화되었다. 시험에 합격하면 반드시 공부법 책을 쓰겠다고 마음먹었지만, 합격자도 아닌 수험생이 공부법 원고를 쓰는 것은 김칫국 한 사발 마시는 것이라 생각해 머릿속으로만 틈틈이 구상했었다.

그중 하나가 내가 생각한 '공부의 본질'이었다. 시험이나 개인의 성향 같은 요소와 무관한 공부의 본질을 깨우친다면 공부가 훨씬 쉽고 효율적으로 바뀔 수 있다고 확신했다. 이것을 어떻게 설명할지 구상하던 중에 떠오른 생각이 바로 '항아리' 개념이었다.

우선 항아리가 하나 있다고 가정해 보자. 이 항아리의 크기는 내가 공부한 만큼의 '범위'를 의미한다. 이 크기는 시험에 합격할 수 있을 때까지 계속 키울 필요가 있다. 항아리에 담아야 하는 것은 물이고, 이 물은 내가 이해하고 기억하고 있는 '지식의 총량'이다. 결론부터 말하면, 항아리에 물이 '넘실거릴 때' 시험을 봐야 한다. 여기서 넘실거린다는 것은 단순 암기의 상태가 아니라, 필요할 때 언제든지

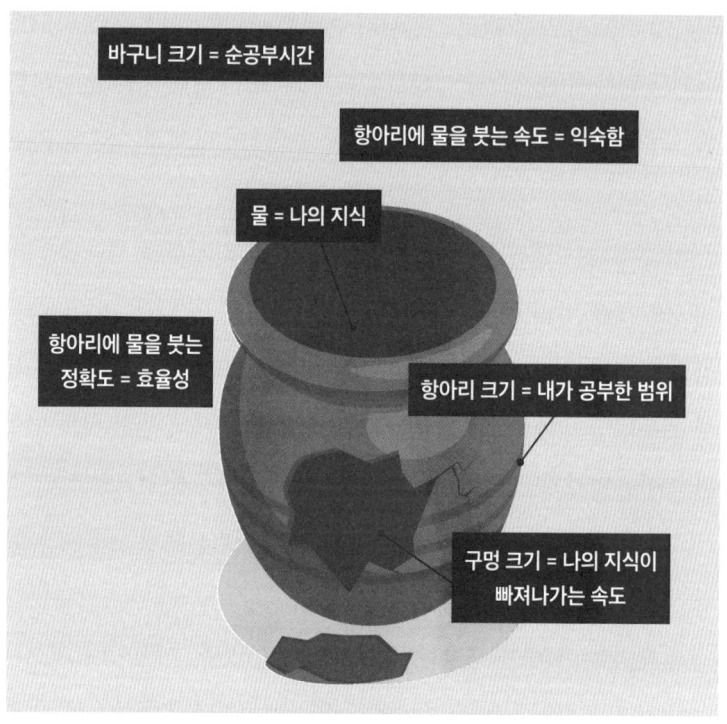

내 경험을 통해 깨달은 공부의 본질을 도식화한 '항아리 공부법'

꺼내 쓸 수 있는 수준의 이해와 숙련도를 말한다. 물을 담기 위해서는 바구니가 필요한데, 이 바구니의 크기가 '하루 순공부시간'이다. 하루하루 열심히 물을 바구니에 담아 항아리에 부어야 한다. 공부한 내용이 익숙해지고 회독 수가 늘어날수록 바구니에 물을 담는 속도는 빨라진다.

하지만 바구니에 물을 열심히 채웠다고 해도, 항아리 입구에 정확히 붓지 못하면 소용없다. 수고는 수고대로 하고 정작 얻는 것은 하나도 없는 셈이다. 점수가 오르지 않고 효율이 떨어지는 이유가 바로 여기에 있다. 예를 들어 이런 경우들이다.

- 아웃풋 없이 회독만 무작정 돌리는 행위
- 회독할 때 아무 생각 없이 읽기만 하는 행위
- 강의만 계속해서 듣고 복습이나 암기를 등한시하는 행위
- 암기가 필요한 부분을 미루거나 손 놓아 버리는 행위

게다가 항아리에는 필연적으로 구멍이 뚫려 있다. 어제 분명 공부했더라도 오늘 잊어버릴 수도 있다. 항아리에 물이 넘실거릴 때 시험을 봐야 하는데, 항아리에 구멍이 있으니 계속 물이 빠져나간다. 구멍의 크기가 5라면 내가 5만큼 부어도 남는 게 0이 된다. 이를 해결하는 방법은 크게 세 가지다.

1. **구멍을 줄이는 것** : 이해도를 높여서 망각을 줄이는 방법이다. 이해도가 높을수록 구멍이 작아지고, 그만큼 지식이 오래 남는다.
2. **항아리에 물을 많이 붓는 것** : 단순히 공부량을 늘리는 방법이다. 가끔은 가장 확실한 방법이지만, 시간이 오래 걸릴 뿐 아니라 체력 소모가 크다.
3. **물을 정확하게 항아리에 붓는 것** : 하루 3시간밖에 공부를 못했어

도, 그 3시간이 온전히 항아리에 채워진다면 결국 점수 향상으로 이어진다.

기초가 부족해서 한참 헤맬 때는 주로 2번처럼 우직하게 양으로 승부하는 방법만을 고집했다. 하지만 시행착오 끝에 3번이 성과로 직결된다는 사실을 여러 차례 체감했다. 이러한 인사이트들을 변리사 합격 직후 차근차근 정리하기 시작했다. 이른바 '실전 경험'이 담긴 공부법을 체계화하여 알려 준다면 불필요한 시간을 줄여 줄 수 있지 않을까 하는 생각이 들었다. 특히 나처럼 여러 번 좌절을 맛본 사람이라면, 잘못된 습관이나 막연한 불안이 무엇을 의미하는지 생생하게 이해할 수 있으리라 믿었다.

정리에 있어 처음에 온라인 콘텐츠나 수업이 아닌 책을 택한 이유는, 글로 차분히 읽으며 천천히 되짚어 볼 수 있는 매체가 맞겠다고 판단했기 때문이다. 책에는 단순한 공부 요령뿐 아니라 내가 실제로 실패했던 과정, 그리고 그걸 통해 공부법을 어떻게 수정하고 보완했는지까지 상세히 담아 보려고 했다.

그래서 8개월간 주말이나 퇴근 후 시간을 조금씩 쪼개어 한 챕터씩 써 내려갔다. 시간으로 치면 많지 않았지만 그 시간만큼은 정말 오롯이 글에만 집중했다. 대단한 작가 의식이 있었다기보다, 지금 공부를 하고 있을 누군가가 나처럼 쓸데없는 시행착오를 반복하지 않았으면 하는 절실함 하나로 글을 썼다. 사실 그렇게 시간을 들여한 챕터씩 써 내려 가는 과정은 생각보다 쉽지 않았다. 평일에는 직장에서 체력을 거의 소진하고 돌아오니 노트북을 열기조차 귀찮을 때가 많았다. 그럼에도 불구하고 '지금 아니면 언제 또 이런 글을 쓰겠나'라는 생각으로 한 장 한 장 써 내려 갔다.

그렇게 쓰다 보니 이 글을 다른 수험생들이 어떻게 받아들일지 자연스레 고민하게 되었고, 그들이 공감할 만한 내용이나 시행착오를 줄이는 방법 등을 구체적으로 풀어 나갔다. 그렇게 글이 점점 체계를 갖춰 갔고, 그 결과 《미친 효율로 합격하는 최고의 공부 전략법 (북스고, 2024)》이 탄생했다.

책이 출간되면서 공부법 강의를 향한 첫 발걸음이 시작되었지만, 처음에는 막연하게 느껴졌다. 내가 직접 터득한 깨달음의 파편들을 하나의 체계로 엮는 작업은 결코 쉬운 일이 아니었다. 하지만 그렇게 고생 끝에 원고가 하나의 책으로 완성되었을 때, 나는 단순한 성취감 그 이상의 감정을 느꼈다. 내가 흘려 보낸 시간, 내가 겪은 좌절, 그 모든 것들이 이제는 다른 사람의 방향이 되어 줄 수 있다는 확신이 생겼다.

퇴사 후 시작한
'규토리얼'

　나는 국내 최대 규모의 K로펌에서 변리사 수습을 시작하였다. 입사 지원 서류를 넣을 때만 하더라도 서울대 출신이 대부분이라는 소문을 얼핏 들어서 솔직히 합격에는 큰 기대가 없었다. 실제로 들어가 보니 대략 300명가량의 변리사 가운데 소위 SKY가 아닌 다른 대학 출신은 10명 정도에 불과했다. 그 순간만큼은 지난 수험 기간이 보상 받는 느낌이었다.
　하지만 동시에 고민도 시작됐다. 사실 나는 이미 두 곳의 학원으로부터 변리사 강사 제안을 받은 상태였다. 수험 생활 내내 마음속으로는 '합격하면 꼭 강의도 해 보고 싶다'는 생각을 해 왔고 그 기회가 바로 눈앞에 있었지만, 입사하게 되면 강사 활동은 현실적으로도, 시간적으로도 불가능했다. 그러나 결국 나는 K로펌을 선택했다. 강사는 나중에라도 할 수 있지만, 이곳은 지금 아니면 갈 수 없다고 생각했기 때문이다. 그 대신 내가 몰두한 것이 바로 공부법 책 집필이었다. 회사가 끝나고 집에 돌아오면 힘들어도 하루에 30분에서 1시간씩 꾸준히 글을 썼다.

K로펌은 확실히 배울 게 많은 곳이었다. 국내 최고라는 명성답게 수준 높은 사건들과 정제된 프로세스가 일상처럼 굴러갔고, 동료들 역시 각 분야의 최상위 인재들이었다. 그런 환경 속에 있으니 자연스럽게 '내가 한 단계 성장하고 있구나' 하는 실감이 들었다. 하지만 여기에 다니면서는 내가 하고 싶었던 공부법 관련 일에 커다란 제약이 있었다. 책은 겨우 출간에 성공했지만, 그것만으로는 갈증이 해소되지 않았다. 수험생들과 끊임없이 소통하며 그들이 시간을 아낄 수 있게 해 주고 싶었다. 한마디로, 공부법을 '가르치고' 싶었다.

결국 고민 끝에 나는 퇴사를 결심했다. 사람들은 왜 그렇게 좋은 직장을 관두느냐고 물었지만, 내 입장에서는 앞으로 내가 뭘 하고 싶은지가 훨씬 중요한 문제였다. 이미 나한테는 변리사 자격증이 있고 다른 로펌이나 기업을 갈 수도 있겠지만, 한편으로 공부법을 좀 더 본격적으로 알려보고 싶다는 욕심이 사그라들지 않았다.

그렇게 퇴사 후 공부법 유튜브 채널을 열었다. 누구보다 간절하게 해 보고 싶었던 일이었기에 더 미룰 이유가 없었다. 다만 채널명은 사람들에게 각인되는 브랜드 역할을 하는 만큼 고민을 많이 했다. 그러다 우연히 '튜토리얼(Tutorial)'이라는 단어를 접했는데, 나처럼 무언가를 가르치는 채널과 잘 어울리겠다는 생각이 들었다. 그래서 내 이름 마지막 글자를 슬쩍 합쳐 만든 게 '규토리얼'이다. 이름이 주는 뉘앙스처럼, 결국 이 채널을 통해 무언가를 알려 주고, 가르쳐 주고, 안내해 주고 싶었다. 비단 공부법뿐 아니라 시간 관리나 자기계발, 혹은 일상의 작은 습관이라도 말이다.

이름을 정했으니 다음 단계는 촬영이었다. 최고의 장비가 아니더라도 시작하는 것이 중요하다는 것을 잘 알고 있었기에, 당장 손에 잡히는 태블릿을 꺼내서 녹화 버튼을 눌렀다. 당시에는 카메라나 조명, 마이크 같은 것에 대한 지식이 전혀 없어서 화질도 썩 좋지 않았고 잡음도 섞였지만, 일단 촬영을 강행했다. 그런데 촬영한 영상을 편집하기 위해 유튜브 스튜디오를 켜보니, 모든 과정이 생각보다 훨씬 낯설고 까다로웠다. 제목을 어떻게 달아야 할지, 썸네일은 어떻게 만들지, 몇 분 길이로 편집해야 사람들이 집중해서 볼지 알 길이 없었다.

하지만 직접 부딪쳐 보면서 서툴렀던 편집도 조금씩 익숙해지고, 썸네일도 어설프게나마 직접 만들 수 있게 되었다. 그렇게 내 속에만 담아 두었던 수많은 이야기들을 영상으로 꺼내기 시작했다. 수험생 시절의 시행착오, 공부법이 정립되기까지의 과정, 변리사 시험 준비 노하우 등 남들 앞에서 말하면 딱딱하게 들릴 법한 주제들이었지만, 카메라 앞에서 솔직히 털어놓으니 뭔가 후련하기도 하고 재미도 있었다.

사실 처음에는 목표도 소박했다. '구독자 1,000명만 넘겨 보자. 그러면 나중에 아이들한테 아빠가 이런 것도 했었다고 말해 줄 수는 있겠지', 정말 그 정도였다. 수익이나 영향력 같은 건 꿈도 꾸지 않았다. 그저 수험생 시절의 내가 절실히 필요로 했던 이야기를 지금의 누군가에게 전해 주고 싶었다. 그런데 막상 영상을 몇 개 올려 보니, 예상 외로 댓글과 반응이 생겨나기 시작했다. 똑같은 문제를 겪고 있었는데 어떻게 개선할지 감이 왔다는 피드백이 눈에 띄게 늘었다. 사실 처음에는 '사람들이 내 얘기에 관심을 갖겠어?' 하는 반신반의가 컸다. 그런데 실제로 도움을 받았다는 반응을 보니 '이왕 이렇게 된 거, 더 체계적인 내용으로 정리해서 더 많은 사람에게 전해야겠다'는 욕심이 생겼.

그러자 영상을 기획하고 촬영, 편집하는 데 이전보다 훨씬 공을 들이게 되었다. 기존처럼 그냥 떠오르는 대로 수다 떨듯 영상을 찍는 대신 대본을 간략히 정리하고, 화면에 들어갈 자료를 준비하고, 녹화 환경도 조금씩 개선했다. 그렇게 운 좋게도 초기 영상 몇 개가 서서히 조회수를 쌓아가고, 구독자도 점진적으로 늘어났다. 그걸 보면서 장비가 고급스럽지 않아도, 영상 편집이 어설퍼도, 내용이 알차고 진솔하면 꼭 필요한 사람들에게는 가닿는다는 것을 체감했다. 그렇게 규토리얼 채널은 어느덧 내 인생의 중요한 일부가 되었다.

동시에 변리사 시험 강의도 시작했다. 강의를 하다 보면 가끔 수험생들에게서 과거의 내 모습이 보인다. 강의실 맨 뒷자리에서 초조함을 감추려 애쓰는 눈빛, 앞줄에 앉아 필기를 열심히 하면서도 무언가 계속 이해가 안 되는 기색이 역력한 표정, 혹은 수면 부족과 압박감으로 지쳐 보이는 모습 등…. 특히 시험이 얼마 남지 않을수록 더욱 그렇다. 코앞의 시험에 쫓기듯 하루하루를 보내다 보면, 계획보다 현실에 밀려 결국 닥치는 대로 시간을 때우는 공부 방식으로 귀결된다.

그런데 문제는 투입한 시간만큼의 성과가 따라오지 않는다는 것이다. 그러다 결국 '나는 왜 이렇게 비효율적일까', '나는 왜 이렇게 안 될까' 하며 자책하고 다음 날 또 같은 방식으로 책상 앞에 앉는다. 이 악순환은 나에게도 너무나 익숙했다. 그래서 나는 어떤 채널에서든 이 한 가지 메시지만큼은 늘 강조한다.

"공부는 시간 싸움이 아니다. 방향이 틀리면, 아무리 많은 양을 쏟아부어도 결국 제자리다."

나 또한 그런 실수를 수도 없이 반복해서 경험했기 때문이다.

그리고 강의를 거듭할수록 이 일이 내 적성에 맞는다는 확신은 점점 커졌다. 한때는 그저 고통, 실패, 좌절로만 기억되던 순간들이 누군가를 도와줄 수 있는 자산이었다는 걸 체감하기 때문이다. 더구나 이 자산은 드러내지 않으면 무용지물이지만, 드러내어 공유할 때 비로소 힘을 발휘한다는 사실도 깨달았다. 의외로 많은 사람들의 "저도 그래요", "지금 제 이야기 하시는 줄 알았어요" 같은 공감 하나하나야말로 내가 진심으로 강단에 서고 콘텐츠를 만드는 동력이 된다.

1:1 컨설팅에
도전하다

　공부법 책은 출간했지만, 내가 1:1 공부법 컨설팅까지 하게 될 줄은 전혀 예상하지 못했다. 당시만 해도 공부법은 책의 형식으로 전달하는 것이 가장 적절하다고 믿었고, 깨달음과 원리를 정리한 것만으로도 충분히 전달력이 있다고 생각했기 때문이다. 그런데 현실은 달랐다. 책을 읽거나 콘텐츠를 접해도 막상 그것을 어떻게 자신의 상황에 적용할지 모르는 사람들이 많았다. 이론은 이해했지만 실제로 어떻게 공부해야 할지 모르는 것이다. "이게 문제인 건 알겠는데 막상 실행이 안 돼요", "공부법은 알겠는데 제 시험에는 어떻게 적용할지 모르겠어요" 같은 댓글들이 영상에 달렸다.
　더구나 이론을 이해했다 하더라도 기존 습관이 워낙 깊이 박혀 있어 쉽게 바꾸지 못하는 사례도 적지 않았다. 예컨대 시간만 많이 투자하는 식으로 공부해 왔던 사람은, 방법을 제시해 줘도 본능적으로 그저 오래 앉아 있는 데 집착했다.

유튜브 채널의 한계도 명확했다. 영상이라는 매체는 특정 주제를 일반론적으로 다루기엔 좋지만, 시청자의 개별 상황을 깊이 파고들 수는 없는 구조였다. 애초에 내 깨달음 중 하나가 바로 과목, 시험 유형과 특성, 경쟁률, 합격 인원에 따라 공부법이 제각각이라는 것이었다. 하지만 영상마다 '이 공부법은 이런 시험에만 적용되고, 저 공부법은 저 시험에만 적용된다'고 한정 지어 말할 수도 없는 노릇이었다. 게다가 한 편당 십여 분 남짓인 영상에 사람마다 다른 조건이나 세세한 지침까지 담기도 어려웠다. 내가 원하는 것은 진정으로 누군가의 시간 낭비를 줄여 주는 것이었지만, 책이나 유튜브로는 한계가 있었다.

그래서 여러모로 고민한 끝에, 차라리 1:1로 직접 이야기를 들어 보자는 결론에 이르렀다. 누군가가 "나는 이런 상황인데, 이걸 어떻게 적용해야 하죠?" 하고 물었을 때, 그 즉시 맞춤형 조언을 줄 수 있다면 어떨까 싶었다. 이미 책과 영상으로 수많은 이론을 제시해 왔지만, 그걸 실제 삶과 공부 패턴에 연결해 주는 누군가가 필요하다고 느꼈다. 그렇게 해서 시작된 것이 바로 1:1 공부법 컨설팅이었다.

물론 컨설팅은 글이나 영상처럼 한 번 만들어 두면 지속적으로 소비되는 콘텐츠와 달리, 내 시간과 에너지를 매번 새롭게 투입해야 한다는 점에서 쉽지 않은 도전이었다. 그럼에도 불구하고 서로 다른 상황에 놓인 사람들에게 직접적인 해결책을 제시해 줄 수 있다는 기대감이 있었다. 나 역시 수많은 실패와 시행착오를 거쳤던 만큼, 한때 내가 겪었던 문제를 파고들어 도울 수 있다는 자신감이 있었다.

일단 컨설팅 콘텐츠를 구상하고 그에 맞춰 금액을 책정한 뒤 상세페이지를 만들었다. 그러자 놀랍게도 바로 다음 날에 신청자가 나타났다. 하지만 나 스스로도 컨설팅이 정말로 도움이 될지 확신이 없었다. 그래서 첫 신청자를 비롯하여 삼십여 명의 수험생들을 대상으로 무료로 컨설팅을 진행했다. 이때가 규토리얼 채널 구독자가 200명 내외일 때였다.

컨설팅에 대한 반응은 정말 긍정적이었다. 서로 다른 사람에게 똑같이 "이거 100만 원 정도의 가치는 있는 것 같아요" 라는 칭찬도 들었다. 긍정적인 피드백을 연달아 받으니, '내가 갖고 있는 노하우와 경험이 의외로 크게 도움이 되는구나' 하고 실감하게 되었다. 그렇게 어느 정도 확신을 얻고 본격적으로 컨설팅을 시작한지 어언 1년 6개월, 400여 명의 수험생들을 대상으로 컨설팅을 진행했다.

컨설팅을 하면서 알게 된 사실은, 예상보다 훨씬 더 많은 수험생들이 심각하게 잘못된 공부 습관을 갖고 있다는 것이었다. 컨설팅 초반부에 수강생의 공부법을 파악하고자 '나쁜 습관 리스트'를 작성하게 하는데, 대부분이 적어도 70~80% 이상의 항목에 '해당된다'고

답한다. 흥미로운 사실은, 이 모든 항목들이 내가 실제로 겪은 습관들이라는 것이다. 그래서 내가 컨설팅을 통해 문제점을 짚어 주면, 상대방은 나에게 어떻게 이렇게 잘 아냐고 물어본다. 그럴 때마다 나는 이렇게 답한다.

"제가 다 겪어봤기 때문입니다."

또한 수많은 수험생들을 컨설팅하면서 나 역시 '아, 사람들은 이런 부분에서 특히 막히는구나', '이 시험에는 이렇게나 다른 접근이 필요하구나' 등 꾸준히 새로운 인사이트를 얻는다. 결론적으로, 나는 컨설팅을 시작하길 잘했다는 생각이 든다. 그리고 앞으로도 계속해서 나의 경험과 노하우를 더 체계화해 나갈 계획이다.

앞으로 내가
나아갈 길

　　　　　　컨설팅은 적지 않은 에너지를 요구하는 일이다. 짧으면 3시간 30분, 길면 5시간까지 이어진다. 목이 쉬는 건 기본이고, 끝나고 나면 마치 하루치 에너지를 한꺼번에 다 써 버린 듯한 피로감이 밀려온다. 하지만 힘들면서도 보람이 있다. 합격을 바라보고 공부하지만, 정작 어떻게 공부해야 할지 모른 채 시간만 투자하는 수험생들이 정말 많기 때문이다. 내가 할 일은 그들의 노력이 더 이상 헛되지 않도록 계속해서 제대로 된 공부 방법을 전달해 주는 것이다.

　때로는 당장의 시험 합격만을 목표로 삼기보다, 합격 이후의 진로나 삶의 방향성을 진지하게 고민하는 사람들도 적지 않다. 이를 보면 공부가 끝났다고 해서 모든 문제도 같이 끝나는 건 아니라는 사실을 새삼 깨닫는다. 시험 합격은 단지 하나의 관문일 뿐, 그 이후에도 우리는 계속해서 무언가를 배우고 도전한다. 공부법을 이야기한다고 해서 단지 시험 합격을 위한 노하우만 전수하는 데 그치고 싶지 않다. 내가 궁극적으로 추구하는 목표는, 공부를 통해 자신을 성장시키고 그 역량을 인생의 다른 영역에도 적용할 수 있도록 돕는 것이다.

앞으로도 계속 새로운 시도를 할 것이다. 책이나 강의, 컨설팅에 만족하지 않고 더 많은 사람에게 공부의 본질, 즉 '공부법은 어디까지나 도구일 뿐, 결국 주인공은 나 자신이다'라는 메시지를 전하고 싶다. 각자가 원하는 길에 잠시라도 길잡이가 되어 줄 수 있다면, 그 이상 보람찬 일은 없을 것이다.

"공부는 시간 싸움이 아니다.

방향이 틀리면, 아무리 많은 양을

쏟아부어도 결국 제자리다."

04

N잡의
비결은
꾸준한
실천이었다

어떤 목표를 세우든, 꾸준함 없이 이룰 수 있는 일은 단언컨대 없다. 잠깐의 무리로 이뤄 낸 성과는 쉽게 무너진다. 하지만 매일의 작은 걸음들이 만든 결과물은 훨씬 견고하고, 이런 경험을 통해 생긴 자신감은 새로운 도전에 나설 때도 강력한 자산이 된다.

6잡러이자
두 아이의 아빠

내가 가진 직업을 세어 보면 적어도 여섯 가지는 된다. 변리사 업무부터 유튜브 채널 운영, 공부법 그룹스터디와 오프라인 강연, 변리사 시험 강의, 2차전지 강연, 작가 활동까지 시간은 늘 빠듯하다.

먼저 내 본업인 변리사 일은 항상 일상의 기틀을 잡아 준다. 지적재산권 특성상 업무량이 몰리는 시기가 오면 체력적으로 힘들지만, 사건을 잘 마무리했을 때 느끼는 보람이 크다. 나는 본업의 마감 시점을 기준으로 유튜브 촬영, 컨설팅, 강의 등의 일정을 조정한다. 이처럼 변리사 업무가 다른 활동들과의 균형을 맞추는 기준점이 되기 때문에 결코 우선순위에서 밀릴 수 없다.

또한 나는 유튜버이기도 하다. 공부법 관련 '규토리얼' 채널을 운영 중이며, 목표는 주 1개의 영상 업로드다. 하지만 기획·촬영·편집·대본 및 자막 작성까지 모든 과정을 혼자 하다 보니 결코 쉽지 않다. 특히 편집에는 상당한 시간이 들고, 자막 작업까지 끝내고 나면 진이 다 빠진다. 그럼에도 시청자들이 도움이 됐다고 말해 줄 때의 보람이 커서 계속 이어가는 중이다.

컨설팅, 그룹스터디, 오프라인 강연도 한다. 컨설팅은 한번 시작하면 3~5시간씩 이어지는데, 수험생의 문제점을 깊이 파악하고 해결책을 주려면 이 정도 시간은 필요하다. 체력 소모가 크지만, "모의고사 성적이 올랐다"거나 "계획표가 정말 효과적이었다" 같은 피드백을 들으면 고생이 아깝지 않다.

변리사 시험 강의는 1차 대비 시즌(8·12월)과 2차 대비 시즌(3·6월)에 집중된다. 시험 구조상 이 시기에는 문제 출제부터 해설·채점·교재 업데이트까지 해야 할 일이 많다. 단순히 지식만 전달하는 게 아니라, 합격 여부에 영향을 미친다고 생각하면 부담감이 크다. 그래도 시험이 끝난 뒤 큰 도움이 됐다는 수강생들의 말 한마디가 역시나 큰 보람이 된다.

L사에서 근무했던 경험을 살려, 2차전지 관련 특강도 한다. 2차전지 산업이 급성장하면서 전공자나 취준생들의 관심도 높아졌다. 산업 구조·기술 흐름·채용 경향 등을 전하고, 최근 투자나 연구 동향을 업데이트해 주는 것이 주된 강의 내용이다.

컨설팅 및 강연 현장

또한 나는 작가이기도 하다. 이 책을 쓰는 중이고, 공부법과 관련해 추가로 2~3권을 더 쓸 계획이다. 책 집필은 몰아서 할 수 있는 일이 아니기에, 틈틈이 구상하고 메모를 모아 두었다가 조금씩 글로 옮기는 과정을 반복해야 한다. 그렇게 글이 쌓여 나중에 한 권 분량이 된다.

그리고 무엇보다 중요한 건, 한 가정의 가장이자 두 아이의 아빠라는 점이다. 주말이나 휴일에는 가족에게 집중하려 하지만, 일정이 불규칙할 때가 많아 쉽지는 않다. 그래도 가능한 한 아이들과 놀고 산책하며 '아빠는 너희를 믿고, 너희와 함께하는 시간을 가장 소중히 여긴다'는 메시지를 행동으로 보여 주려 노력한다.

이렇듯 다양한 일을 동시에 소화하다 보면, 자연스럽게 체력 및 시간 관리가 가장 큰 과제가 된다. 때로는 하루를 몇 등분해서 일해야 할 정도로 바쁘고, 새벽까지 일하거나 주말에도 책상 앞에 앉아 있어야 할 때도 있다. 그럼에도 여러 역할이 상호작용하면서 나는 시너지 효과가 크다. 예컨대 강의 자료가 유튜브 콘텐츠로 이어지거나, 컨설팅에서 얻은 피드백이 책의 아이디어가 되기도 한다. 그렇게 한 분야의 노하우가 다른 분야의 성장을 촉진할 때, 이 길이 맞다는 확신을 느낀다.

또 여러 직업을 병행하며 얻은 경험과 인사이트를 독자나 수강생에게 되돌려 줄 수 있다는 점도 큰 보람이다. 컨설팅에서 마주친 문제 상황을 책에 담거나, 강의 노하우를 유튜브로 공유하면 보다 폭넓은 사람들에게 도움이 된다. 이렇게 서로 다른 일들을 연결해 더 큰 가치를 창출하는 것이 내 목표다.

'N잡러'라는 말이 요즘 흔하지만, 내게는 단순한 트렌드가 아니라 현실적 필요와 개인적 열망이 만나는 지점에서 생긴 정체성이다. 어떤 일은 생계 때문에, 어떤 일은 재미로, 어떤 일은 사명감으로 시작했지만 중요한 건 각 역할을 어떻게 의미 있게 연결하느냐다. 각각을 병렬로 놓고 분산하는 게 아니라, 한 분야에서 배운 것을 다른 분야에 적용해 시너지를 극대화하는 방식을 고민한다. 그렇게 쌓인 노하우를 활용해 더 많은 사람에게 실질적인 도움을 주고, 내 삶도 풍요롭게 만들고 싶다. 체력 한계나 일정 조율의 어려움이 있어도, 결국 이것이야말로 N잡러로서 일을 지속할 수 있는 동력이라고 믿는다.

목표가 있는 곳에
길도 있다

　　　　어떤 일이든 새로 시작할 때는 그 일에 대한 확고한 당위성과 동기가 있어야 한다. 예컨대 '나는 왜 열심히 살까?', '왜 이 도전을 해야 할까?'라는 물음에 대한 본질적 이유를 찾는 것이 지속 가능한 실천의 첫 단계이다. 이유는 사람마다 다를 수 있다. 돈을 벌기 위해서일 수도 있고, 잠재력을 시험하기 위해서일 수도 있다. 하지만 중요한 것은 그 동기가 '내가 원하는 목표'와 진정으로 연결되어 있어야 흔들리지 않는다는 점이다.

　예를 들어 전문 자격을 따려 할 때 돈을 많이 버는 것만을 이유로 삼으면 동기가 약해질 수도 있다. 주변에서 "이 분야는 끝물이다", "다른 게 더 낫다" 등 온갖 이야기가 들려오면 쉽게 흔들릴 수 있는 것이다. 결국 '이 분야가 정말로 흥미롭다'거나 '이것으로 세상에 기여할 수 있다' 같은 근본적 동기가 뒷받침돼야 힘든 순간에도 버틸 수 있다. 나 역시 퇴사 후 변리사 시험에 도전할 때 온갖 안 좋은 소리를 들었다. 하지만 단순히 직업적 장점에 끌린 것이 아니라 내 공부법을 검증하기 위한 것이라는 본질적 이유가 있었기에 흔들리지 않았다.

목표를 세웠다면 그것을 이루는 방법은 여러 가지가 있을 것이다. 그중 공부는 대부분의 사람들에게 목표를 이루는 첫 번째 수단이다. 즉 인생에서 목표를 달성하기 위해 가장 먼저 할 수 있는, 가장 명확하고 구체적인 방법이 공부라는 뜻이다. 공부는 우리 삶의 여러 도전과 비교해 보았을 때 가장 예측 가능하고 체계적인 수단이자, 지식과 능력을 쌓아 시험으로써 증명할 수 있는 가장 기초적인 과정이다.

그리고 무엇보다 공부가 가장 쉽고 편하다. 이렇게 말하면 이상하게 들릴 수도 있겠지만, 공부는 오히려 내가 노력한 만큼의 성과를 거둘 확률이 높다는 점에서 다른 선택지에 비해 안정적이다. 예를 들어 사업이나 창업을 할 때는 수많은 변수들이 작용한다. 시장 상황, 경쟁사의 전략, 소비 트렌드 변화, 경제 환경 등 내가 통제할 수 없는 요인들이 너무 많다. 직장 생활에서도 마찬가지다. 내가 열심히 일을 해도 상사의 평가, 사내 정치, 경제 및 국제 정세 등의 이유로 성과를 제대로 인정 받지 못할 수 있다.

　반면 공부는 내가 어떻게 계획을 세우고, 얼마나 집중해서 공부하느냐에 따라 결과를 어느 정도 예측하고 조정할 수 있다. 또한 시험의 난이도나 출제 경향은 내가 바꿀 수 없지만, 그에 맞춰 준비하고 연습하면 어느 정도 대비할 수 있다. 마치 정해진 규칙의 게임처럼, 그 규칙에 맞춰 훈련을 쌓으면 성과를 낼 수 있는 것이다.

　또한 공부는 구체적인 목표와 명확한 과정을 가지고 있다. 예를 들어 변리사 시험을 준비한다고 했을 때 출제 과목, 시험 날짜, 기출문제 등이 모두 공개되어 있어 이에 맞춰 학습 계획을 세울 수 있다. 또한 내가 얼마나 많은 시간을 투자하고, 어떻게 공부하느냐에 따라 합격 가능성을 높일 수 있다. 반면 사업의 성공이나 직장에서의 승진은 내가 원하는 만큼 통제하기 어렵고, 결과를 예측하기 힘들다. 그래서 공부는 내 노력을 결과로 연결시킬 수 있는 가장 체계적이고 명확한 방법이라고 할 수 있다.

일단은
실천하고 봐야 한다

    일단 목표를 세웠으면 실천해야 한다는 사실은 누구나 알고 있다. 그리고 그러한 실천의 방법론에 대해서도 많이들 알고 있다. '계획을 세워라', '우선순위를 정해라', '하루 30분씩 꾸준히 해라' 같은 말은 귀에 못이 박히도록 들어왔을 것이다. 문제는 아는 것이 '하는 것'으로 이어지지 않는다는 점이다. 너무 당연하거나 사소해 보여서 '정말 효과가 있을까?' 하는 의심이 앞서기도 한다.

    그런데 이 의심을 넘어 작은 것부터라도 행동에 옮겼을 때 의외로 큰 변화를 경험하는 경우가 많다. 실제로 한 컨설팅 수강생은 "하루 1시간씩 영어 단어를 외우고 싶지만, 작심해도 2~3일을 못 버텨요"라고 고민을 털어놓았다. 나는 "1시간이 아니라 단 1분 만이라도 끝나곤 한다. 반면 1분이라도 시도해 보면 어느새 새로운 아이디어가 떠오르고, 그 아이디어가 다시 몇 시간을 붙들게 한다. 여러 일을 병행하며 시간이 부족한 현실에서, 짧은 순간의 실천이 예상 밖의 결과로 이어지는 경우가 많다.

계획, 목표 설정, 공부법, 효율적인 시간 관리 등은 분명 중요하다. 그러나 이 모든 것에 우선하는 것이 결국 '실천'이다. 아무리 멋진 계획도 머릿속에서만 맴돌면 무용지물이다. 오늘 어떤 행동을 했느냐가 내일의 결과를 좌우한다.

따라서 '단 1분'으로 실천의 문턱을 한번 낮춰 보자. 완벽한 계획이나 선명한 목표가 없어도, 우선 행동해 보는 것만으로 새로운 길이 열릴 수 있다. 책 한 페이지를 읽거나, 강의를 듣기 위해 검색을 해 보거나, 노트북을 열고 글을 몇 줄 써 보는 그 1분이 당신의 시간을, 나아가 인생 전체를 바꿔 놓는 시작점이 될 수 있다.

꾸준함 없이는
성취도 없다

　　　　　　수험 생활과 여러 컨설팅을 통해 확실히 깨달은 점은, 어느 분야에서든 '꾸준함' 없이 얻을 수 있는 결과물은 없다는 사실이다. 자극적인 한 방이나 폭발적인 의욕으로 잠깐 성과를 낼 수 있지만, 장기간 이어지면서 유지되는 성과는 하루하루 점진적으로 쌓아 올린 노력에서 비롯된다.

　새로운 도전이나 프로젝트를 시작하는 많은 사람은 초반에 열정적으로 모든 것을 쏟아붓기 마련이다. 하지만 이렇게 불꽃처럼 타오르는 방식은 곧 번아웃과 슬럼프로 이어질 확률이 높다. 마치 장작을 태울 때 불을 활활 피우면 장작이 금방 타버리는 것과 같다. 반면에 은은하게 타는 장작은 오랫동안 열을 유지할 수 있다. 따라서 장기적인 관점에서 무언가를 성취하려면 처음부터 전력을 다하기보다는 지속 가능한 페이스로 천천히, 그러나 꾸준히 나아가는 것이 핵심이다.

무엇보다 꾸준함은 '믿음'을 키운다. 초반에는 '이렇게 조금씩 해서 성과가 날까?' 의심이 들어도, 2~3주가 지나면 의미 있는 분량이 쌓여 있는 걸 눈으로 확인하게 된다. 그러면 계속해 나갈 만하다는 자신감이 붙고, 그 뒤로 작은 노력들이 시너지 효과를 내면서 더욱 더 큰 그림을 만들어 간다. 그럴 때마다 '조금씩 꾸준히 하는 것'의 가치를 몸소 체감하게 된다.

N잡러로 여러 직업을 병행하는 내 삶에서도 꾸준함은 가장 확실한 무기였다. 변리사 업무, 강의, 컨설팅, 유튜브 운영, 책 집필을 동시에 해내려면 초기 열정만으로는 금방 지속력이 고갈된다는 것을 절감했다. 몰아서 작업을 끝내려고 무리하면 며칠 못 가 의욕이 떨어지고, 그 시점에서 작업 진척도는 '0'으로 떨어지기 일쑤였다. 이런 사이클이 반복되면 모든 프로젝트의 흐름이 어그러진다.

반면 하루하루 작은 분량이라도 틈틈이 진행하면 상황이 달라진다. 변리사 일이 몰려도 '오늘은 강의 자료 30분만 업데이트하자', '유튜브 대본은 15분만 다듬고 쉬자'라는 식으로 손을 대다 보면, 물 흐르듯 일정이 유연하게 이어진다. 영상을 찍을 때도, 처음에는 주말에 하루 날 잡아 한 달치를 몰아서 찍었다가 너무 힘들어 중도 포기했지만, 이후 저녁마다 1시간씩 조금씩 작업하니 부담이 훨씬 줄었다. 이 작은 누적으로 한 편의 영상을 완성할 때마다 '그래도 조금씩은 하고 있구나'라는 만족감이 들었다.

책 집필을 시작했을 때도 비슷했다. '한 달 내 초고 완성' 같은 단기 목표로 하루에 수십 장씩 쓸 때는 얼마 못 가 의욕이 바닥났고, 그 뒤 몇 달 동안 방치해 버렸다. 그러다 '하루 30분이든 1장씩이든 꾸준히만 쓰자'로 목표를 낮춰 보니 훨씬 수월해졌고, '오늘도 했으니 내일도 할 수 있다'라는 안정감 덕분에 마침내 원고를 끝낼 수 있었다. 그리고 그 꾸준함이 쌓일수록 예상치 못했던 아이디어가 떠오르거나, 다른 프로젝트와도 자연스럽게 연결되는 시너지가 생겼다.

수험생의 경우도 마찬가지다. 단기간 밤새우며 공부하면 많은 걸 한꺼번에 해낸 듯 보이지만, 몇 번의 무리로는 실력이 안정화되지 않는다. 체력과 집중력이 소진되면 공부 효율은 급락한다. 장기간 준비해야 하는 공무원 시험이나 전문직 시험에서는 특히 치명적이다. 번아웃으로 책상 앞에 못 앉는 사례도 흔하다.

반면 하루 6~8시간 정도를 꾸준히 공부하는 학생은 페이스가 잘 무너지지 않는다. 하루 공부량을 과도하게 잡지 않되, 쉬는 날을 최소화하며 지속 가능한 계획을 세우면 끝까지 실전 감각을 유지하기 쉽다. 이렇게 준비해 온 사람들은 시험장에서 '평정심'이라는 강력한 무기를 지니게 된다.

그렇다면 꾸준함을 어떻게 해야 잘 유지할 수 있을까? 그 방법 중 하나가 '기록'이다. 매일 혹은 매주 짧게라도 현재 진행 상황을 기록해 두면, 그 흔적이 다시 움직이도록 동기부여를 해 준다.

또한 하루하루 작은 목표를 정하고, 그 목표를 달성할 때마다 자신에게 작은 보상을 주는 것도 좋다. 예를 들어 '오늘은 3시간만 투자해 보자'라고 정하고, 그 약속을 지켰을 때 좋아하는 간식을 먹거나 휴식을 즐기는 등 사소하지만 기분 좋은 보상을 주는 것이다.

중간중간 휴식을 취하고 스스로의 상태를 점검하는 과정도 필수적이다. 조금 피곤하다는 신호가 오면 과감하게 재충전해야 길게 갈 수 있다. 특히 특정 공부를 하는 사람이라면 한 달에 한 번씩 '내가 어디까지 왔지?', '다음 달에는 무엇을 중점적으로 해 볼까?' 같은 식으로 점검하고 리셋하는 과정을 가져 보는 것도 좋다. 결국 끝까지 완주하는 것이 목적이라면 무리하지 않는 것이야말로 가장 현명한 전략이다.

무엇보다 오래 지속하는 것을 특별한 도전으로만 여기지 말고 '일상의 한 부분'으로 자리 잡도록 해야 한다. 마치 매일 아침에 양치질을 하듯, 노력하는 과정 자체를 자연스러운 습관으로 만드는 것이다. 이를 위해서는 '매일 저녁 8시부터 10시까지는 무조건 이 일을 한다'라는 규칙을 만들고 최대한 지켜야 한다. 그러면 다른 약속이나 생활 패턴도 자연스레 조율되고, 뇌가 그 시간대를 집중의 시간으로 인식하게 되면서 꾸준함을 유지하는 데 도움을 준다.

물론 꾸준함을 유지하는 것은 결코 쉽지 않다. 새로운 것에 도전하는 행위는 때때로 본능적 쾌락이나 즉각적 욕구 충족을 미루고 스스로를 단속해야 하기 때문이다. 오늘은 아무것도 못하겠다 싶은 날도 온다. 하지만 그 다음 날까지 내려놓게 되면 악순환이 이어지므로, 차라리 '15분만 하자' 같은 최소한의 기준을 두면 좋다. 작은 의무감이 다음 날을 정상 궤도에 올려줄 수 있다. 완벽한 계획을 세웠다가 실패하면 좌절감에 손을 놓을 위험이 크기 때문에, 기복을 줄이고 매일 조금씩 하는 것이 중요하다.

어떤 목표를 세우든, 꾸준함 없이 이룰 수 있는 일은 단언컨대 없다. 잠깐의 무리로 이뤄 낸 성과는 쉽게 무너진다. 하지만 매일의 작은 걸음들이 만든 결과물은 훨씬 견고하고, 이런 경험을 통해 생긴 자신감은 새로운 도전에 나설 때도 강력한 자산이 된다. 그러니 혹시 지금까지 열정을 불태워야만 이룰 수 있다는 강박이 있었다면, 이번 기회에 시선을 조금 바꿔 보길 권한다.

무조건
'열심히'의 한계

　　　　　　　　'열심히 한다'는 말은 긍정적인 가치를 담고 있다. 어릴 적부터 우리는 열심히만 하면 뭐든지 할 수 있다는 이야기를 끊임없이 들었다. 물론 성실하고 부지런하게 노력하는 것은 중요한 미덕이다. 하지만 실제 도전하고 경험하면서, 열심히 하는 것이 성공의 필수 요건일 수는 있어도 그것만으로 충분하지는 않다는 사실을 깨닫게 된다.

　학창 시절, 나는 나름 열심히 공부한다고 생각했지만 성적이 오르지 않아 자주 좌절했다. 노력의 시간과 과정의 고통이 곧 성적에 비례할 것이라 생각했지만 현실은 달랐다. 결국 열심히 하는 것 이상으로 '방법', 즉 무엇을 어떻게 공부하는지가 훨씬 더 중요했다.

어려운 부분에 집중 투자하고, 반복해서 틀리는 유형을 분석해 다양한 방법으로 접근하면 같은 시간을 공부하더라도 훨씬 높은 효율을 낼 수 있음을 몸소 체험한 것이다.

사업 역시 마찬가지로 수년 동안 고군분투해도 매출이 오르지 않는 곳이 많다. 반면 예기치 못하게 빠른 시간 안에 폭발적 성장을 이루는 스타트업 사례도 있다. 그 차이는 결국 방법과 전략에 달려 있다.

나는 사업을 하면서 '하늘은 갑자기 방법을 주지 않는다'는 교훈을 얻었다. 번뜩이는 아이디어나 획기적인 방법은 어느 날 하늘에서 뚝 떨어지는 것이 아니라, 끊임없는 고민과 시행착오 끝에서야 발견되는 것이다. 나는 프로젝트를 진행할 때 '이게 최선인가?'라는 질문을 계속 던졌다. 그러면서 완벽한 계획이란 애초부터 존재하지 않으며, 실험과 실패를 거듭하면서 점점 효과적인 방식에 가까워진다는 것을 깨달았다.

피드백을 기반으로 방법을 수정하고 개선해 나가는 것은 사업의 필수 요소다. 대부분의 성공적인 사업가들은 첫 시도에서 실패를 많이 겪었지만, 그 실패를 통해 배움을 얻고 더 나은 접근법을 찾았다. 나도 처음에는 특정 마케팅 방식만 고집했다가, 매출이 오르지 않음을 깨닫고 다양한 실험을 진행하는 과정에서 변화와 개선을 수용해야만 성과가 나온다는 사실을 절감했다.

많은 사람은 '최단 시간 합격'이나 '빠른 성공'을 꿈꾸며 쉬운 지름 길을 찾는다. 하지만 현실은 그렇게 단순하지 않다. 빠른 길을 찾겠다고 덤볐다가 더 멀리 돌아가는 경우를 흔히 본다. 그저 많은 시간을 투자하거나 단기간 몰아치기보다는, 같은 시간이라도 어디에 얼마만큼 집중하고 얼마나 효과적인 방식으로 접근하느냐에 따라 결과는 크게 달라진다.

 나의 경우 스스로 무엇을 잘했고, 무엇을 고쳐야 하는지 피드백을 통해 분석한 결과를 기록으로 남겼다. 기록하지 않으면 다만 스쳐지나가는 생각일 뿐이다. 나는 배움과 경험을 꾸준히 기록해 두고 주기적으로 돌아보며 더 나은 방향을 찾으려 노력했다. 후회를 남기지 않으려면, 내 노력과 시간을 철저히 내 것으로 만드는 과정이 필요하다.

주변의 시선에
흔들리지 않는다

　　　　　　변리사 시험 준비를 선택했을 때, 나는 인생에서 큰 결단을 내린 셈이었다. 시험의 합격률도 매우 낮았고 합격까지 걸리는 시간도 보장되지 않았지만, 그 과정에서 요구되는 노력과 인내는 상상을 초월하는 수준이었기 때문이다. 게다가 나는 이미 가정이 있었고, 아이도 곧 태어날 예정이었다. 회사를 그만두고 공부를 다시 시작한다는 것은 단순히 나 혼자만의 결심이 아니라 가족의 생계와 미래를 짊어지는 선택이기도 했다.

　처음 이 결심을 주변에 알렸을 때, 많은 사람은 내가 새로운 도전에 나서는 용기를 높이 평가해 주었고, 진심 어린 격려의 말을 해주기도 했다. 하지만 몇몇 사람들은 "변리사 시험은 정말 어렵다던데

과연 할 수 있을까?"라거나 "좋은 회사 다니고 있는데 퇴사하는 게 정말 맞는 선택이야?"라는 말을 던졌고, 그 속에 담긴 의심의 시선은 나를 깊숙이 찔렀다. 그들의 걱정을 이해하면서도, 한편으로는 "너는 아마도 실패할 거야"라고 말하는 것처럼 들려 씁쓸했다.

사실 나는 어릴 때부터 비슷한 경험을 많이 해왔다. 학창 시절부터 내가 어떤 목표를 세우고 노력할 때면 언제나 아버지는 나를 믿지 않았다. 가장 가까운 사람들로부터 믿음을 얻지 못했을 때, 그리고 그 굴레를 벗어날 수 없다는 것을 새삼 느낄 때마다 그 좌절감은 이루 말할 수 없었다. 그래서 S대 입학 이후로 두 번의 수능, 대기업 인적성과 면접, 복수전공과 조기졸업까지 그 어떠한 이벤트들도 아버지한테 철저히 비밀로 했었다. 퇴사와 변리사 시험 준비 사실도 당연히 말하지 않았다. 말해서 득이 될 것은 하나도 없었기 때문이다.

변리사 시험은 매년 약 200명이 합격하는데, 어림잡아 70~80%가 이른바 TOP 10 대학교 출신이다. 그리고 그중 50%가량이 SKY 출신이다. 나는 변리사 시험을 많이 응시하지 않는 대학교 출신의 합격자들을 진심으로 존경한다. 대다수 수험생들의 도전 계기가 '주변에서 변리사 시험을 준비해서', '학교 선배가 변리사 시험에 합격해서'인데 반해, 주변에 시험을 준비하는 사람 자체가 없고 환경이 마련되지 않은 상황에서 도전하는 건 엄청난 용기가 필요하기 때문이다. 설령 굳은 결심과 의지로 시험에 뛰어들었다고 하더라도, 수험 생활 역시 만만치 않을 것이다. 주변으로부터 "역시 넌 안 될 줄 알았어" 같은 편견 어린 시선을 받기 쉽기 때문이다. 따라서 이런 환경에도 불구하고 합격한 사람들은 단순히 시험을 통과한 것이 아니라, 주변의 시선과 자기 의심을 이겨내고 스스로를 증명해 낸 것이라 할 수 있다.

어느 강연에서 들은 이야기가 인상 깊다. 지방의 한 대학 교수가 학생들에게 장래 희망을 물었는데, 한 학생이 변호사라고 답하자 학생들 대부분이 웃었다고 한다. 그 학생이 변호사가 될 자질이 없었던 게 아니라, 해당 대학에서 사법고시 합격자를 배출한 적이 없었기 때문에 환경과 분위기가 그 꿈을 비웃고 있었던 것이다.

학벌이 학습 능력과 어느 정도 비례하는 것은 맞지만, 그것이 전부는 아니다. 학벌은 단지 기회를 좀 더 제공해 줄 뿐이다. 높은 학벌이 성공을 보장하는 것도 아니고, 낮은 학벌이 실패를 의미하는 것도 아니다. 기회를 잡고 결과를 만들어 내는 것은 그 사람의 의지와 노력에 달려 있다.

나는 이른바 SKY 출신부터 지방대, 전문대, 검정고시, 고졸 출신 등 다양한 학벌의 사람들을 컨설팅했다. 그리고 컨설팅을 거듭할수록 비교적 낮은 학벌임에도 불구하고 명문대 출신들보다 더 열심히, 올바르게 공부하는 사람들을 계속해서 보게 된다. 이들이 가진 능력과 잠재력은 무궁무진하다. 다만 이들이 명문대 출신과 다른 점은, 공부로 큰 성과를 내 본 적이 없었기 때문에 공부에 대한 자신감이 다소 부족하다는 것이다. 나는 그럴수록 컨설팅에서 더욱 용기를 북

돋워 주고 자신감을 심어 주려 노력한다.

중요한 것은 자기에 대한 확신, 공부를 제대로 하고 있다는 확신이다. 환경이나 조건이 좋지 않은 상황에서도 자신의 꿈을 향해 꿋꿋하게 나아가는 사람들은 단순히 시험에 도전하는 것이 아니라, 스스로의 가치를 증명하고 자신의 한계를 뛰어넘고자 하는 용기를 보여 주는 것이다. 나는 그들의 도전이야말로 진정한 승리라고 생각한다.

무엇보다 나를 믿지 못하는 사람들에게 가장 좋은 복수는 바로 합격이다. 합격증을 손에 쥐는 순간, 그들의 비웃음은 후회로 바뀔 것이다. 실패할까 두려운가? 주변의 시선이 불안한가? 그 모든 것을 이겨 내고 끝까지 나아가는 것은 결국 자신의 몫이다. 그리고 그 끝에는 반드시 보상과 성장이 기다리고 있을 것이다.

당신은
의지박약이 아니다

"난 왜 이렇게 작심삼일일까."
"오늘도 계획만 세우고 아무것도 못했다."
"나는 그냥 의지가 약한 사람인 것 같다."

혹시 이런 실망에 빠져 침대에 누워 휴대폰만 들여다본 적이 있는가? '나는 안 되는 사람'이라고 단정 지은 채 무기력함에 빠져 보지 않은 사람이 몇이나 될까. 나 역시 한때 그렇게 좌절하며 '의지박약'이라는 이름으로 스스로를 몰아붙였다.

하지만 돌아보면, 문제는 의지가 아니라 '시스템'이었다. 게으른 게 아니라 어디서부터 어떻게 시작해야 할지를 몰라 헤매면서 스스로를 소진한 결과였다. 압도적인 목표와 비현실적인 계획표, 작은 실패 하나에 전체를 포기해 버리는 경직된 태도가 악순환을 만들었고, 결국 깨달았다. 대부분의 의지박약은 의지 자체가 부족해서가 아니라, 제대로 된 시스템 없이 의지에만 매달린 결과라는 것을.

의지는 한정된 에너지와 같다. 며칠 또는 몇 주 정도 불타오를 순 있어도, 일상 속 습관과 환경이 뒷받침되지 않으면 그 불길은 쉽게 사그라든다. 당신이 '나는 왜 이렇게 작심삼일일까' 하고 괴로워하는 동안, 사실은 실천이 불가능한 구조에 갇혀 있었을 가능성이 크다.

나도 시험 공부를 할 때 하루 24시간을 빽빽하게 쪼개 놓은 장대한 계획표를 수차례 만들었다. 현실과 동떨어진 무리한 목표였음에도, 하루라도 계획대로 못 지키면 극단적으로 모든 걸 포기했다. 당연히 이런 구조 안에서는 실패가 거듭될 수밖에 없었고, 점점 더 자책과 좌절에 빠졌다.

중요한 점은, 의지만으로 계속 버티려 하면 금방 한계를 맞이한다는 것이다. 의지라는 자원은 소모되기 때문이다. 그래서 나는 내게 맞는 구조와 시스템을 만들기 시작했다. 작은 성공을 쌓아 나가며 매일 조금씩 지속할 수 있는 장치를 마련한 것이다. 예를 들어 아침에 일어나는 시간을 엄격히 정하기보다 '기상 후 1시간 안에는 책상에 앉는다' 같은 유연한 규칙을 세우고, 그걸 달성했을 때 스스로에게 간단한 보상을 주었다. 또 공부할 환경을 미리 세팅해 두고, 도서관이나 헬스장 등 목적지로 바로 갈 수 있는 동선을 만들어 일단 몸이 움직이도록 했다.

 이처럼 시스템은 거창한 게 아니다. 내가 언제 의지가 잘 꺾이고 자꾸 포기하는지 파악해서 그 환경이나 경로를 바꿔 주면 된다. 만약 퇴근 후 집에 도착하면 바로 TV 앞에 주저앉는 사람이라면, 아예 집에 가기 전에 카페나 도서관에 들르도록 루틴을 짜는 것이다. 조금만 환경과 경로를 바꿔도 생각보다 쉽게 습관이 형성된다.

 이처럼 내게 맞는 환경, 시간을 쪼개는 방식, 심리적 보상 등을 체계적으로 마련해, 억지로 의지를 발동하지 않아도 어느 정도 자동으로 습관이 굴러가도록 만드는 것이 중요하다. 자기 의심보다는 환경과 습관으로 시선을 돌려 보는 변화만으로도 당신의 일상은 훨씬 유연하고 지속 가능해질 것이다.

 특히 번아웃이나 복합적 스트레스에 시달리는 사람이라면 더욱더 구조에 주목하자. 작은 단위의 실행 가능성을 높이고, 실패 후에 빨리 복귀할 수 있는 구조야말로 장기적으로 버티는 핵심이다. 그러니 이제는 의지에 기대기보다 의지를 아낄 수 있는 환경을 만들어 보자. 그 과정에서 자연스럽게 '나, 꽤 해낼 수 있잖아?' 하는 긍정적 믿음이 쌓일 것이다.

흔들려도 괜찮다,
멘탈 마사지

　　　　　　흔들림은 누구에게나 있는 지극히 자연스러운 현상이다. 이는 당신의 약함이나 의지 부족이 아니라 오히려 '살아 있음'의 증거다. 살아 있다는 것은 균형을 계속 잡아 가야 하는 일이기에, 넘어지고 무너지는 과정을 겪는 건 당연하다. 그때마다 '역시 난 안 돼'라고 자신을 부정하지 말고, 나만의 호흡과 리듬대로 흔들림을 수용하고 돌파해야 한다.

　이 장에서는 그런 당신을 위해 '멘탈 마사지'를 준비했다. 학습 전략이나 공부법도 중요하지만, 마음이 지쳐 있으면 아무리 좋은 방법을 배워도 손에 잡히지 않는다. 그래서 마음의 긴장을 조금 풀고 '그래, 나만 그런 게 아니었구나'라고 인정할 수 있는 공간을 만들어 주고 싶었다. 어제 계획이 틀어졌든, 오늘 집중이 안 됐든, 시험이 얼마 남지 않았든 다시 해 볼 수 있겠다는 작지만 분명한 안도감을 얻기를 바란다.

나 역시 공부법을 이야기하고 있지만, 처음부터 계획대로 살아온 건 아니다. 학창 시절 하루를 빈둥거리며 보내거나 계획만 세워놓고 좌절했던 적도 많았다. 시험을 망치고 한동안 아무것도 하기 싫었던 순간도 있었다. 하지만 그런 경험들 덕분에 계획의 어설픈 부분을 보완할 수 있었고, 불안정한 멘탈을 관리하는 루틴을 찾을 수 있었다.

나는 매일 아침 아주 짧게라도 '자기 점검 시간'을 갖는다. 전날 무엇을 했는지, 어디서 흔들렸는지 간단히 떠올려보고, 오늘 꼭 지켜야 할 중요한 일은 무엇일지 생각한다. 마음이 정리되면 오늘의 핵심 사항이 선명해진다. 예컨대 어제 스마트폰을 너무 많이 봤다면, 오늘은 스마트폰 사용 시간을 조금 줄여보는 것이다. 완벽히는 못 지키더라도 어제보다 더 신경 썼다면 그 자체로 시도해 본 셈이다.

나에게 자주 묻는 짧은 질문들도 있다. 예를 들어 '지금 나에게 가장 중요한 건 뭘까?', '이 문제를 어떻게 해결할 수 있을까?', '혹시 내 감정에 필요 이상으로 의미를 부여하고 있는 건 아닐까?' 같은 질문만 해도 막연한 불안과 부담감을 풀어 나갈 실마리가 생긴다. 물론 답이 바로 나오지 않을 때도 있다. 그럴 때는 억지로 답을 만들기보다, 조금 시간을 두고 다시 질문하면 의외로 새롭게 보이는 부분이 있다.

불안하다면 그 불안을 글로 적어 보는 것도 방법이다. '시험이 코앞인데 이 상태로 망하지 않을까?' 같은 두려움을 적으면, 막연한 공포가 구체적 고민으로 바뀐다. 이를 다시 작은 계획들로 쪼개 해결해 나가면 걱정과 스트레스가 줄어든다.

또한 나는 아침에 5분 정도 스트레칭과 호흡 운동을 한다. 숨을 크게 들이마시고 내쉬는 것만으로도 마음이 차분해진다. 저녁에는 다양한 사람들의 이야기나 평소 안 보던 장르의 책을 접하며 사고의 폭을 넓히려 한다. 별것 아닌 이런 작은 습관들이 누적되면 안정감이 생긴다.

결국 시간·일정 관리나 공부법도 멘탈이 받쳐 주지 않으면 무너진다. 단단한 루틴, 현실적인 자기 점검, 스스로를 이해하고 유연함을 허락하는 태도가 중요하다. 이 모든 과정은 완벽하지 않고 굴곡도 많다. 한번 자리를 잡았다고 생각한 페이스가 이내 무너질 수도 있다. 하지만 당신만 그런 게 아니다. 그리고 오히려 그 과정이 더 효율적인 계획과 단단한 멘탈, 더 나은 성취로 이어질 수도 있다.

무엇보다 이 글을 읽고 있는 자체만으로 당신이 아직 포기하지 않았다는 증거다. 또 어제 하루가 엉망이었음에도 오늘 다시 책상 앞에 앉아 펜을 들었다면, 흔들리는 가운데서도 다시 해 보자고 결심했다면, 당신은 이미 어제보다 한 발 더 나아간 것이다. 그러다 보면 '내 멘탈이 약한 게 아니라, 회복이 필요한 시점이구나' 하고 깨달을 때가 온다. 마치 격렬한 운동 뒤 근육통이 오듯, 정신을 열심히 쓰면 탈진하는 것은 당연하다. 이런 때는 잠시 쉬어 주고 회복하는 시간이 필요하다.

보통 '좀 쉬어도 괜찮다'라는 말은 남과 비교하는 인간의 특성 탓에 불안하게 느껴질 수 있다. 하지만 쉬는 건 시간을 낭비하는 게 아니라 정신적 안정을 되찾기 위해 몸과 마음을 재정비하는 과정이다. 하루 10분, 20분이라도 멍하니 있는 시간은 뇌를 재부팅 해 주고, 이후 몇 시간을 훨씬 더 생산적으로 만들 수도 있다.

그러니 잠시 숨을 고르고, 다시 가슴을 펴고 오늘에 집중해 보자. 계획이 틀어졌다고 전부 실패도 아니고, 하루를 날렸다고 끝난 것도 아니다. 언제든 다시 시작할 수 있고, 흔들림 속에서 새로운 길을 찾을 수 있다. 자신을 일으켜 세우는 힘은 애초에 당신 안에 있다. 오늘의 작은 시도가 내일의 큰 변화를 만들 수 있음을 나는 믿는다.

설레는 공부의 진짜 시작은
지금이다

공부를 통해 인생의 새로운 장을 열고, 스스로의 가능성을 발견할 시기는 바로 '지금'이다. 그동안 준비하거나 고민만 해왔던 것을 넘어 실제로 행동을 시작할 때가 왔다는 의미다. 여기서의 공부는 단순히 시험 준비나 지식 습득을 위한 것뿐 아니라, 나 자신을 발전시키고 삶의 목표를 이루는 핵심 도구가 된다.

우리는 종종 "상황이 좀 더 나아지면…", "다른 일이 끝나면…" 하면서 공부의 시작을 미루곤 한다. 그러나 공부에 있어 완벽한 시기는 존재하지 않는다. 삶에는 늘 변수가 생기기 마련이고, 다른 우선순위들이 공부를 밀어내기도 하기 때문이다. 따라서 지금이야말로 최고의 출발점이 될 수도 있다. 오늘도 미루면 내일도 같은 상황이 반복되지만, 지금 결단하면 한 달, 1년 뒤의 나는 전혀 다른 길을 가고 있을 수도 있다.

간혹 지금 시작하기엔 너무 늦지 않았을까 하는 걱정이 들기도 한다. 특히 나이가 많거나 오랜 기간 공부를 쉬었다면 더욱 그렇다. 그러나 공부를 미루면 미룰수록 기회가 줄어들고, 나중엔 더 어려워질 수도 있다. 그러니 실패나 미뤄 둔 경험에 얽매이지 않는 것이 무엇보다 중요하다.

단, 공부를 시작하기 전 '이 공부를 진심으로 원하고 있는가?'를 자문해야 한다. 남들이 좋다고 하는 말이나 사회적 기대에 따라 선택하면 실제 과정에서 쉽게 지치거나 흥미를 잃을 가능성이 크기 때문이다. 진정으로 원하는 공부인지 확인하려면, 그 공부로 이루고 싶은 구체적인 목표와 이유를 명확히 해야 한다. 이 공부가 내 삶의 방향을 개선하고 만족도를 높여 줄 거라는 확신이 있다면 가치 있는 도전이 되겠지만, 단순히 취업이나 승진을 위한 수단이라면 다시 한번 고려해 봐야 한다.

공부에는 현실적인 고민도 뒤따른다. 아무리 열망이 있어도 경제적 문제나 가정 상황, 나이 등 현실적 제약을 무시하면 큰 장애물이 될 수 있다. 이를 미리 대비해야 공부 과정에서 받을 스트레스와 부담을 덜 수 있다. 경제적 측면에서는 학비·교재비·생활비 등 공부하면서 드는 비용을 어떻게 충당할지 구체적 계획이 필요하다. 직장을 그만두고 공부해야 한다면, 저축이나 파트타임 등 수입 대책을 마련해야 한다. 재정 여건이 부족하면 공부에 집중하기 어려워 결과도 나빠질 수 있다.

결혼해서 가정이 있는 경우에는 배우자나 가족의 이해가 필수적이다. 공부에 시간을 많이 쓰면 가족과의 시간이 줄어들 수밖에 없으므로, 이를 충분히 상의해 갈등을 최소화할 수 있는 대안을 마련해야 한다. 예를 들어 주말이나 특정 시간대에는 공부 대신 가족과 함께 보낼 시간을 확보해 놓는 것이다.

나이가 고민되는 경우도 있다. 하지만 오히려 나이가 들수록 삶의 경험과 지혜를 토대로 더 깊이 있는 학습이 가능할 수 있다. 늦었다고 생각할 때가 가장 빠르다는 말처럼, 지금이 가장 좋은 출발점이라고 믿는 태도가 필요하다.

진정으로 원하는 목표와 열망이 있다면, 이제는 망설임과 두려움을 뒤로하고 내가 정말 원하는 공부를 시작할 시간이다. 공부는 지식 습득에 그치는 것이 아닌, 나 자신을 변화시키고 성장시키는 여정이다. 현실적인 고민과 제약이 있더라도 충분한 계획과 준비로 극복할 수 있다. 지금의 한 걸음이 훗날 삶을 바꾸는 큰 계기가 될 수도 있으니 지금 이 순간, 설레는 마음으로 스스로를 위한 도전을 시작하자.

"문제는 의지가 아니라

'시스템'이었다."

05

시간 관리가
인생을
결정한다

목표는 그냥 열심히만 한다고 달성되지 않는다. 올바른 방향을 설정하고, 그 단계를 꾸준히 실천하는 태도가 필요하다. 그리고 그 시작이 계획이다. 실패해도 좋으니 일단 주차계획을 짜보고, 일일계획으로 나눠 보자. 그리고 못 지킨 부분이 생기면 낙담하기보다 수정할 부분으로 인식해 보자. 이 작은 습관이 공부와 일, 그리고 삶 전반을 바꾸는 중요한 출발점이 되리라 믿는다.

계획은 효율적으로,
하지만 유연하게

많은 이들이 계획에 대해 막연함과 두려움을 느낀다.

"항상 무리한 계획으로 실패를 했다."
"할 일이 많으면 부담을 느껴서 미리 포기하는 스타일이다."
"계획을 못 지키는 날이 대부분이다."
"좀 더 효율적으로 시간을 사용하고 싶다."

무언가를 새로 시작하거나 이미 하는 일을 더 체계적으로 관리하고자 할 때, 많은 사람이 위와 같이 고민한다.

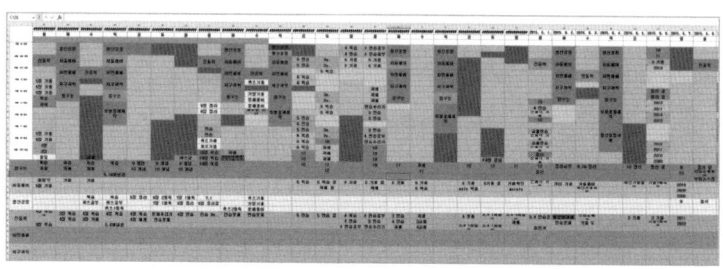

다소 투박한 2015년 계획 양식

나는 엑셀 계획 양식을 대학 재학 중이던 2014년부터 사용해 왔다. 위의 표는 2015년도 계획 양식인데, 약간 투박해 보이지만 그 안에 기본 골격이 거의 잡혀 있다. 이 양식은 해마다 조금씩 다듬어지면서 현재 사용하고 있는 형태로 완성되었다. 과거부터 현재까지의 기록이 남아 있어, 연도별로 계획이 어떻게 발전했는지 확인할 수도 있다. 엑셀을 사용한 이유는 다음과 같다.

1. **시각적 관리** : 색상이나 구분선을 사용해 한눈에 파악하기 쉽다.
2. **주차계획 및 일일계획의 유연성** : 큰 틀(주)과 작은 틀(일)을 분리해서 관리할 수 있다.
3. **미래 계획의 참고 자료** : 누적된 데이터가 많을수록 계획이 더 정교해진다.
4. **수월한 수정** : 다이어리에 비해 훨씬 빠르게 수정·이동·복사가 가능하다.

따라서 엑셀을 활용하면 보다 효율적이고 유연한 시간 관리가 가능하다. 하지만 도구가 아무리 좋아도 계획의 의미와 방법을 근본적으로 잘못 알고 있다면 무용지물이다. 다음은 계획에 관한 흔한 오해들이다.

계획에 관한 잘못된 인식

① 시간을 칼같이 맞추려는 완벽주의

'아침 6시에 일어나 7시부터 9시까지 글쓰기, 9시부터 10시까지 운동, 10시부터 12시까지 공부'

이처럼 하루를 촘촘히 나누는 계획을 가끔 본다. 처음에는 대단한 성취감을 느낄 수 있지만, 현실에서는 수많은 변수가 동시에 발생한다. 몸이 피곤해 알람을 무시하고 더 자거나 갑작스럽게 회의가 생기고, 아이가 아프면 병원에 가야 할 수도 있다. 여러 일을 병행한다면 예상치 못한 스케줄 충돌이 더 자주 생긴다. 그리고 그렇게 계획이 조금만 틀어져도 '아, 오늘은 망했구나' 하고 자책하며 무기력해지기 쉽다.

특히 완벽주의 성향이 강한 사람일수록 한 번 계획이 어긋나면 크게 좌절하고, 다시 처음부터 시작해야 한다고 극단적으로 생각한다. 그러다 보면 하루나 이틀, 길게는 한 주 전체를 날리는 경우도 있다.

② 무리한 목표 수치

일정뿐 아니라 목표 자체를 과도하게 잡는 경우도 흔하다. '하루에 10시간씩 공부해서 3개월 만에 목표 점수를 만들겠다' 같은 식이다. 단기간에는 의지로 버틸 수 있지만, 장기적으로 계획을 유지하려면 수면·식사·휴식 같은 기본 일상을 크게 줄여야 한다. 그렇게 스케줄을 지키지 못하는 날이 늘어나면 스스로를 탓하게 되고 무기력해진다. 결국 체력이 버티지 못해 중도 포기하는 일이 잦다.

③ 계획이 의미 없다는 생각

악순환이 반복되다 보면 아예 '계획 세워봤자 제대로 못 지키니 포기하자'라고 생각하는 사람도 있다. 그러면 처음에는 마음이 편할 수 있지만, 막상 중요한 마감이나 시험이 다가오면 불안해진다. '오늘 무엇을 해야 하지?', '지금 어디까지 했지?' 하며 갈팡질팡하다가 결국 아무렇게나 일을 처리하거나 포기하기도 한다. 또는 상황을 대수롭지 않게 여기다가 진짜 중요한 마감 직전에 밤샘으로 에너지를 소진해 버릴 수도 있다.

④ 형식적 계획의 함정

이후 계획의 필요성을 깨닫고 다이어리를 예쁘게 꾸며 가며 이번엔 제대로 해 보겠다고 다짐한다. 그런데 문제는 정작 실천으로 이어지지 않는 경우다. 일정만 보기 좋게 써놓고 다시 펼쳐 보지 않거나, 실행 과정에서 전혀 피드백과 수정이 이뤄지지 않는 것이다. 이런 식으로 계획이 '전시용'에 그치면 아무 의미가 없다.

결국 중요한 건 계획을 어떻게 활용하느냐이다. 예쁘게 쓰는 것도 좋지만, 매일 계획 내용을 점검하고 달성 상황이나 실패 원인을 기록해야 진짜 효과가 있다. 그렇지 않으면 계획 자체가 흐지부지되고 스트레스만 남긴다.

계획의 기본 마인드셋

계획은 필요하면 '수정하라고' 있는 것이다. 계획을 변경하거나 일정을 줄이는 과정에서 '내가 의지가 약한 건가?' 하는 자괴감이 들 수도 있다. 나도 처음엔 그랬지만 시간이 지나면서 깨달았다. 계획은 나를 위한 도구일 뿐이므로, 필요하다면 새롭게 조정하는 게 맞다. 그래야 매일 실현 가능한 일정표를 유지할 수 있고, 결국 장기적 성취로 이어지는 발판이 된다.

가끔은 하루 전체를 날릴 수밖에 없는 상황도 생긴다. 일이 몰리거나 몸이 안 좋아 도저히 집중하기 힘든 날도 있다. 이럴 때 나는 오히려 하루 이틀 통째로 쉬거나, 원래 계획을 뒤로 미룬다. 죄책감 없이 이렇게 유연성을 발휘해야 여러 업무와 공부를 병행하면서도 오래 버틸 수 있다.

어떤 날은 변리사 본업이 갑자기 폭주할 때가 있다. 특히 출원과 심사 대응이 겹쳐 바쁜 날이라면, 원래 계획해 둔 유튜브 촬영이나 교재 집필 일정을 과감히 조정한다. 예전에는 무리해서 다 해내려다가 결과물도 만족스럽지 않고 스트레스만 컸다. 이제는 우선순위를 재정비해, 본업을 먼저 처리하고 나머지를 뒤로 미루거나 최소한의 작업만 남긴다.

이 과정에서 가장 중요한 건 전체적인 '목표'와 '방향'을 놓치지 않는 것이다. 예를 들어 이번 달에 유튜브 영상 4개를 올리기로 했다면, 한 주쯤 늦춰져도 계획을 다시 조정해 남은 기간에 4개를 소화할 수 있는 방법을 찾으면 된다.

계획은 한 번 세우고 끝나는 것이 아니라 매일 새롭게 변화하는 '생물'과 같다. 그래서 저녁마다 그날의 진행 상황을 돌아보고, 다음 날 어떻게 조정할지를 고민하는 습관이 필요하다. 변리사 업무처럼 가장 큰 축을 기준으로 다른 일을 배치하면 훨씬 수월하다. 상황이 달라졌을 때 자연스럽게 '일정을 조정하면 되지'라고 받아들이면 불필요한 스트레스가 줄어든다. 나는 그렇게 한 뒤로 오히려 더 다양한 일을 병행할 수 있었다. 아이들과의 시간도 예전보다 자주 확보하게 됐고, 새로운 프로젝트에 도전할 의욕도 생겼다.

결국 계획을 세울 때의 가장 큰 함정은 '이 계획을 무조건 지켜야 한다'라는 압박감이다. 반면 계획을 계속 수정하면서 지켜 나가는 것이라고 받아들이면, 오히려 실행력이 올라 매일 작은 성과와 자신감을 쌓을 수 있고 예상치 못한 통찰과 더 나은 루틴을 찾는 경우가 많다. 나 역시 그 덕분에 변리사 본업을 포함한 여러 역할들을 모두 즐겁게 해낼 수 있었다. 계획은 나를 위해 존재하는 것이지, 내가 계획에 매여 존재하는 것이 아니라는 점을 잊지 말자.

본격적인 계획 세우는 법

처음 계획을 세우는 일은 복잡해 보이지만, 사실 그리 어려운 작업이 아니다. 모든 칸을 빈틈없이 채우려 하지 말고 '오늘 해야 할 핵심 작업' 정도만 먼저 적어도 충분하다. 필요 이상으로 빡빡하게 짜면 작심삼일로 끝나는 경우가 많다.

나는 계획을 '주차계획'과 '일일계획'으로 나누어 관리한다. 주차계획은 마감일까지의 큰 틀을 잡고, 어디까지 진도를 나갔고 얼마나 남았는지를 미리 파악하는 데 중점을 둔다. 일일계획은 하루 단위로 세부 일정을 적어 '오늘은 어떤 일부터 하는 게 효율적일까?'를 생각하며 구체화한다.

주차계획과 일일계획을 함께 쓰면, 그 주에 놓치지 말아야 할 큰 과제를 관리하면서 매일의 일정도 꼼꼼히 챙길 수 있다. 예를 들어 주차계획에서 '토요일까지 유튜브 영상 2개, 책 원고 20페이지, 강의 2회분을 준비한다'는 목표를 세웠다면, 일일계획은 이를 잘게 쪼개서 '오늘 강의 자료 1시간 정리, 유튜브 대본 초안 1시간 작성'처럼 세운다. 물론 실행 과정에서 조금씩 밀리거나 늘어질 수 있지만, 주차계획이라는 큰 틀 안에서 하루하루 조정해 나가면 전체가 무너질 일은 적다.

월별계획을 세우는 사람도 있지만, 여러 일을 동시다발적으로 하다 보면 새 일정이 자주 생기므로 나는 주차계획과 일일계획만으로 충분하다고 본다. 필요할 때마다 주차계획을 수정하면 되기 때문이다. 핵심은 '얼마나 멋지게 만들었느냐'가 아니라, 매일 조금씩 수정·보완하고 실천하면서 '얼마나 누적 효과를 내느냐'이다.

더불어 계획은 단순히 업무만 분배하는 게 아니라, 중간에 언제 휴식을 취하고 재충전을 할지도 포함한다. 나는 2주에 한 번은 '아이들과 시간을 보내는 날'처럼 휴식 시간을 일부러 계획에 넣는다. 무조건 달리기만 해서는 체력과 집중력이 고갈된다는 걸 경험으로 알기 때문이다. 따라서 휴식 시간을 계획표에 미리 넣어두면, 그 시간을 기다리는 마음으로 나머지 시간에 더 몰입할 수 있다.

① 주차계획 세우는 방법

주차계획은 '최종 마감일에서부터 역순으로 작업을 배치한다'는 개념을 바탕으로 한다. 예를 들어 '7월 31일까지 논문 초안을 마무리한다'고 하면, 남은 주차 수와 필요한 분량을 먼저 계산한 후 마지막 1~2주는 최종 검토 시간으로 비워 두고, 그 전에 초안을 끝내야 한다는 식의 역산 방식으로 접근한다. 이렇게 계획하면 '이번 주에 10페이지를 쓰지 않으면 다음 주에 15페이지를 써야 하고, 그러면 검토 기간이 크게 줄어든다' 같은 계산이 가능해진다. 그래서 오늘 조금 덜 해도 괜찮을까 하는 유혹이 들 때 스스로를 경계하게 된다.

나는 2차전지 산업 강연을 준비할 때도 이 방식을 썼다. '5월 말 특강을 준비하려면 최소 3번 정도 자료를 다듬고 리허설을 해야겠다'고 결정했다면 마지막 리허설은 강연 직전 주에 하고, 그 전 주에는 2차전지 연구개발 동향과 Q&A 예상 질문을 정리하고, 또 그 전 주에는 PPT 초안을 만드는 식으로 나눈다. 이렇게 하면 언제 무엇을 해야 하는지가 명확해져 계획을 자주 뒤엎을 일이 줄어든다.

또한 주차계획을 세울 때는 일부러 '여유 주차(또는 여유날)'를 남겨 두는 게 좋다. 아무리 미리 잘 짜도 컨설팅 스케줄이 갑자기 잡히거나 가족 행사가 있어 하루를 비워야 하는 등 예기치 않은 일정이 생기게 마련이기 때문이다. 이때 여유 기간이 있으면 밀린 일을 보충하거나 추가 준비를 할 수 있다.

또한 주 중간중간 실행 여부를 점검하고 필요하면 수정한다. 만약 이번 주에 유튜브 영상을 2개 찍기로 했는데 컨설팅 일정이 늘어나 1개밖에 못 찍었다면, 나머지 1개는 다음 주 여유 구간으로 넘기는 식으로 조금씩 조정하면 계획의 전체 흐름이 뒤바뀌지 않는다.

정리하면 주차계획은 '마감일 기준 역순 배치, 중간중간 여유 구간 확보, 매 주차마다 점검·수정하기'로 요약할 수 있다. 이 방식은 시험 준비나 회사 업무, 개인 프로젝트처럼 여러 활동을 동시에 해야 하는 사람들에게도 유효하다. 하루 단위로만 계획을 세우면 우선순위가 엉키거나 막판에 일이 몰려 허둥댈 위험이 크지만, 주차 단위로 큰 틀을 잡으면 언제까지 무엇을 끝내야 하는지가 선명해지고, 긴급 상황이 발생해도 어느 정도 대응이 가능하다.

결국 주차계획은 '실천과 수정이 반복되도록 돕는 장치'라는 점을 다시 강조하고 싶다. 나 역시 이런 시스템 덕분에 여러 업무를 비교적 안정적으로 병행할 수 있었다.

② 일일계획 세우는 방법

일일계획은 주차계획을 바탕으로 일주일 동안 처리해야 할 업무나 공부량을 하루 단위로 세분화한다. 이 과정이 의외로 중요한데, 많은 사람이 주차계획에서 크게 잡은 목표를 하루 단위로 제대로 쪼개지 않고 대충 감으로만 실행하다가 혼란을 겪기 때문이다.

하루 계획을 세울 때는 먼저 주차계획에서 정한 분량을 며칠 동안 나눠서 처리할지 결정한다. 예를 들어 '이번 주에 A자료의 3분의 1, B과제의 3분의 1을 진행한다'라고 했다면, '월·화·수는 A자료, 목·금·토는 B과제'처럼 구체적으로 분배한다.

그 다음, 하루 목표를 오전·오후·저녁처럼 시간대별로 배치한다. '오전엔 A자료 10페이지 검토, 오후엔 B과제 개요 작성, 저녁엔 A자료 핵심 노트 정리' 같은 식으로 작업 범위를 잘게 나누면 여러 일을 병행할 때도 일정이 덜 꼬이고 집중하기가 수월해진다.

또한 일일계획 역시 '버퍼(여유) 시간'을 꼭 마련해 둔다. 하루 스케줄을 80~90% 정도만 채우고, 나머지 10~20%는 비워 두는 것이다. 그러면 갑작스러운 일이 생겼을 때 이 시간을 활용해 부족분을 메우거나, 당일 컨디션이 나빠 원래 분량을 못했을 때도 주차계획 흐름이 무너지는 걸 방지할 수 있다.

무엇보다 하루 계획을 너무 미리부터 세밀하게 잡으면 잦은 수정으로 스트레스만 쌓일 수 있다. 보통 하루 이틀 정도는 구체적으로 계획하고, 그 이하는 대략적인 틀만 잡아 두는 방식을 추천한다. 그리고 실제 상황에 맞춰 매일 업데이트하면, 계획을 못 지켰다는 죄책감도 줄어들고 효율은 높아진다.

나 역시 변리사 본업과 강의·촬영 일정이 몰려도 '월요일 오전 변리사 명세서 작성, 오후 컨설팅 자료 검토, 화요일 오전 유튜브 촬영, 오후 아이들과 시간 보내기, 저녁 원고 집필' 식으로 배치한다. 중간에 추가 강의 요청이 들어오거나 아이들이 아파 병원에 가야 해도, 어느 시간대에서 무엇을 빼고 다른 날로 이동할지 명확해진다. 이것이 여러 일을 동시에 이어가는 비결 중 하나다.

계획의 완성은 기록

'기록은 배신하지 않는다'는 말이 있듯이, 매일 조금씩 작성한 계획과 실천 기록은 결국 큰 변화를 만들어 낸다. 따라서 하루하루 실행했다면 반드시 기록으로 남기는 습관이 필요하다. 많은 사람이 기록 없이 느낌에만 의존해 열심히 했다고 생각했다가 막상 결과물을 보면 손에 잡히는 게 없거나, 반대로 별로 못했다고 여겼는데 의외로 많이 해낸 사실을 뒤늦게 깨닫기도 한다.

기록을 통해 얻는 가장 즉각적인 이점은 본인만의 패턴, 즉 자신이 일정 기간 동안 얼마나 몰입하고 어느 정도 분량을 해낼 수 있는지를 알게 된다는 점이다. 예컨대 2주 정도 꼼꼼히 적어봤는데 평일 평균 6시간, 주말 최대 8시간 정도만 집중할 수 있었다면, 주차계획을 세울 때 이 데이터를 보다 현실적으로 반영할 수 있다. 이는 장기적으로 번아웃이나 심리적 좌절감을 줄여 준다. 또한 오후 2~4시에 집중력이 급격히 떨어진다면 그때는 단순 작업을, 아침 7~9시에 집중력이 증가한다면 그때는 복잡하거나 창의적인 업무를 배치하는 방식으로 하루 효율을 높일 수 있다.

나도 매일 달성한 분량과 새로 떠오른 아이디어 등을 간단히 적는다. 별것 아닌 습관 같아도 실제로는 여러 프로젝트가 꼬이지 않게 하는 기초가 된다. 예를 들어 '마감이 일주일 남았으니 내일은 변리사 업무에 더 시간 투자를 해야겠다'처럼, 그날그날 기록을 보고 다음 계획을 수정한다.

    여기서 중요한 것이 있다면 '계획과 실제 실행이 얼마나 달랐는지'를 살피는 일이다. 애초에 100% 일치하기는 어렵지만, 왜 차이가 났는지를 기록해 두면 다음에 같은 상황이 생겼을 때 빠르게 대처할 수 있다. 예를 들어 회의가 예상보다 길어졌다면, 다음부터 회의 시간을 더 여유롭게 잡거나 그날 다른 일정을 줄여 잡으면 된다.

    결국 기록은 과거를 복기할 뿐 아니라 미래를 설계하는 근거가 된다. 막연히 '어제 못했으니 오늘 두 배로 해야지'가 아니라, 구체적 데이터를 토대로 '어제는 X시간 투자했으니 오늘은 Y시간으로 잡자'처럼 합리적으로 목표를 정할 수 있다.

    기록할 때는 꼭 종이 노트를 쓰지 않아도 된다. 스마트폰 메모장이나 어플, 스프레드시트, 캘린더 등 편한 수단이면 무엇이든 괜찮다. 다만 지나치게 세세하게 쓰려고 부담을 가지다가 몇 날 못 가 포기하는 것보다는, 핵심만이라도 꾸준히 기록하는 편이 훨씬 낫다.

계획 성공을 위한 전제 조건

    이 모든 계획이 제대로 작동하려면 먼저 자신이 집중할 수 있는 시간과 하루에 할당할 수 있는 시간을 객관적으로 파악해야 한다. 처음부터 '하루에 10시간도 가능하다'고 자신한다 해도, 실제로 몇 주 이상 유지하기란 쉽지 않다.

나도 과거에는 '남들은 하루 12시간 이상 일할 텐데, 나도 그 정도는 해야지'라고 생각했다가 한계에 부딪혀 몸살이 나고 실수가 잦아졌다. 그 후 하루 최대 8시간 정도만 집중하고 나머지는 비교적 여유 있는 일정이나 가족과의 시간을 배치했더니, 오히려 장기적으로 더 높은 성과가 났다. 결국 핵심은 '지속 가능성'이다. 단기간 불태우다 지쳐 버리기보다는, 적당히 오래가는 편이 훨씬 낫다.

또 다른 전제 조건은 실패나 부족함을 지나치게 자책하지 않는 태도다. 일일계획이나 주차계획이 몇 번 어긋나는 건 어찌 보면 자연스럽다. 아이가 갑자기 아프거나 긴급 회의가 생기는 일은 누구에게나 일어날 수 있기 때문이다. 그때마다 자책하면 내일의 기회까지 날아가 버린다. 차라리 무엇 때문에 계획이 어긋났는지를 기록으로 남겨 두고, 그걸 참고해 내일 계획을 어떻게 수정할지 고민하는 편이 훨씬 생산적이다.

또한 실패를 경험했을 때는 '데이터 확보'가 중요하다. 왜 예측보다 시간이 더 걸렸는지, 왜 이번 일정을 끝내지 못했는지 이유를 적어 두면, 다음에는 할당 시간을 더 길게 잡거나 무리한 계획을 세우지 않는 등 구체적인 대안을 만들기 쉬워진다.

마지막으로 자신만의 목표나 동기가 분명해야 한다. 왜 이 공부를 하는지, 왜 여러 직업을 병행하는지, 왜 시간을 쪼개 계획해야 하는지에 대한 이유가 없으면 오래 버티기 어렵다. 나의 경우 여러 활동을 통해 더 많은 사람에게 도움을 주면서 내 삶의 다양성과 가치관을 함께 충족하고 싶어서였다. 그리고 그 과정에서 아이들에게 긍정적인 모습을 보여 주고 싶다는 마음도 컸다. 이런 동기가 분명했기에, 계획이 어긋나거나 체력이 떨어질 때마다 다시 힘을 낼 수 있었다.

결국 '자기 객관화'와 '분명한 동기' 모두 필요하다. 그러면 일일계획이나 주차계획도 자연스럽게 균형을 찾는다. 실제로 집중할 수 있는 시간을 파악해 목표와 실행의 간극을 줄이고, 실패한 부분은 자책 대신 개선의 실마리로 삼으면서도 목표를 잊지 않는다면 어느새 계획대로 굴러가는 생활, 쉽게 무너지지 않는 일상의 토대가 마련될 것이다.

효율적인 계획을 위한 툴

예전에 나는 손으로 쓰는 다이어리나 플래너도 좋아했다. 펜으로 직접 적고 체크 표시를 하면 성취감이 들었기 때문이다. 그러나 N잡을 시작한 이후 계획을 자주 수정하게 되면서 다이어리에 계속 고쳐 쓰기 번거로워졌고, 따라서 엑셀이나 구글 스프레드시트 같은 디지털 도구를 적극 활용하기 시작했다.

엑셀을 쓰면 수정이 훨씬 쉽고, 과거부터 미래까지의 일정이 한눈에 들어온다. 이번 달 공부 진도율이 얼마인지, 목표 중 몇 퍼센트를 달성했는지 수치화도 가능해서 진행 상황을 시각적으로 확인하고 동기부여 하기에도 좋다.

물론 다이어리나 플래너를 쓰지 말라는 뜻은 아니다. 다만 주차 계획처럼 큰 범위를 다루거나 자주 수정해야 하는 일정은 디지털 도구가 훨씬 편리하다는 뜻이다. 여러 사람과 협업할 때는 클라우드를 통해 실시간으로 수정 사항을 공유할 수도 있어 효율적이다.

물론 초반에는 엑셀 같은 도구로도 주차계획, 일일계획의 진행 상태를 일일이 확인하며 피드백을 주고받는 과정이 귀찮을 수 있다. 하지만 기록을 통해 왜 실패했는지, 어떻게 수정할지 빠르게 알 수 있어 한 번 그 효율을 맛보면 다시 돌아가기 힘들다.

계획이 필요한 진짜 이유

과거에는 치밀한 계획 없이 막연하게 목표만 세웠다가 막판에 시간에 쫓겨 허둥대거나 결국 목표를 이루지 못하고 대충 마무리하는 경우가 많았다. 그런 경험들을 통해 '구체적인 계획'이라는 장치가 반드시 필요하다는 것을 깨달았다.

사람은 누구나 '열심히 해야지'라는 다짐은 쉽게 한다. 하지만 오늘, 내일, 이번 주에 무엇을 어떻게 할 것인가를 세분화해 기록하고 점검하는 일은 귀찮고 막연하게 느껴지기 마련이다. 그러다 보면 매일 시간을 들여도 제대로 진전 없이 흘려보내기 쉽다. 나는 이런 시행착오 끝에, 계획의 진정한 의미는 '시간을 구조화해 낭비를 줄이고 목표에서 멀어지지 않도록 스스로를 계속 점검하는 과정'이자 '불필요한 걱정과 미루기를 방지하는 도구'라고 생각하게 되었다.

해야 할 일은 많지만 어디서부터 손대야 할지 몰라 결국 벼락치기 하거나 어떻게든 될 거라는 막연한 기대만 반복하는 악순환에서 벗어나는 길이 바로 계획 세우기이다. 오늘 눈 뜰 때 '무슨 일을 해야 하지?', 잠들 때 '오늘 무슨 일을 했지?'라는 질문에 명확히 답할 수 있다는 사실이 위안을 준다. 그리고 이런 작은 성공 경험이 쌓여서 더 큰 목표에 도전할 자신감이 생긴다.

결국 계획은 우리의 삶을 단순화하고, 불필요한 감정 소모와 시간 낭비를 줄여 준다는 점에서 가치가 있다. 목표는 그냥 열심히만 한다고 달성되지 않는다. 올바른 방향을 설정하고, 그 단계를 꾸준히 실천하는 태도가 필요하다. 그리고 그 시작이 계획이다. 실패해도 좋으니 일단 주차계획을 짜 보고, 일일계획으로 나눠 보자. 그리고 못 지킨 부분이 생기면 낙담하기보다 수정할 부분으로 인식해 보자. 이 작은 습관이 공부와 일, 그리고 삶 전반을 바꾸는 중요한 출발점이 되리라 믿는다.

시간 관리에도
원칙이 있다

　　　　시간 관리는 특정 시험이나 공부를 위한 임시 수단이 아니라, 삶 전반에서 목표 달성과 성장을 가르는 핵심 열쇠다. 사람들은 흔히 '시간을 어떻게 늘릴 수 있을까'를 고민하지만, 실제로는 '주어진 시간을 어떻게 쓰느냐'가 관건이다. 즉, 해야 할 일이나 관심사를 잘 배분해 한정된 시간을 최대한 효율적으로 활용하는 것이 효과적인 시간 관리다.

　나는 변리사이자 작가, 유튜버, 강연자, 컨설턴트 등 여러 직업을 동시에 병행하고 있다. 이런 N잡러 생활은 매일이 일정과의 싸움이다. 시간을 잘못 쓰면 순식간에 다른 작업에도 도미노처럼 영향을 미치기 때문이다. 그래서 시간을 전략적으로 쪼개고, 체력과 에너지를 효율적으로 안배하는 법을 익힐 수밖에 없었다. 그게 아니었다면 벌써 지치거나 번아웃이 왔을 것이다.

학생이든 직장인이든 프리랜서든, 여러 일을 동시에 해내야 한다면 결국 시간 관리를 어떻게 하느냐가 성패를 가른다. 여기서는 그 시간 관리의 원칙들을 좀 더 구체적으로 살펴본다.

잠 시간을 확보하라
: 건강한 루틴의 시작점

수면이 부족하면 뇌의 집중력과 기억력이 급격히 떨어진다. 하루 이틀은 커피나 에너지 음료, 단기 의지력으로 버틸 수 있겠지만, 장기적으로는 반드시 부작용이 온다. 특히 공부를 오래 해야 하는 수험생이나 여러 직업을 병행하는 N잡러에게 수면 부족은 치명적이다. 몸은 일시적으로 깨어 있을지 몰라도 두뇌가 효율을 잃고, 의사 결정 능력까지 떨어진다.

나 역시 '오늘만 조금 더 버텨 보자'며 밤을 샌 적이 있었다. 하지만 그 다음 날의 체력 저하와 집중력 하락은 하루 성과를 갉아먹었다. 수면 부족이 누적되면 결국 한 달 단위의 장기 목표가 무너지기 쉽다. 그래서 하루 7~8시간 정도 숙면을 확보하려고 애쓴다. 부득이하게 잠을 줄였다면, 낮잠이나 10~20분 짧게 눈을 붙여서라도 뇌와 몸을 회복시키려 노력한다.

결국 건강한 루틴의 출발점은 잠에서 시작된다는 사실을 잊어선 안 된다. 누구라도 잠이 모자란 상태에서 꾸준히 높은 생산성을 유지하기란 불가능에 가깝다.

휴식을 계획하라
: 번아웃을 예방하고 에너지를 충전하기

N잡러 생활을 하다 보면 체력과 정신력이 한계에 달하는 순간이 찾아온다. 컨설팅이 겹치는 날에는 5시간 이상 이야기를 이어가야 하고, 밤에는 강의 자료나 영상 편집을 해야 하며, 아침에는 아이들을 챙길 때도 있다. 이런 스케줄이 반복되면 자연스레 번아웃이 온다. 그래서 나는 휴식을 '계획'한다. 시간이 나면 쉬는 것이 아니라, 스케줄표에 휴식 시간을 미리 적어 두는 것이다. 이 시간에는 아무것도 하지 않거나 가벼운 산책이나 스트레칭, 짧은 명상 등으로 두뇌를 잠시 멈춘다. 이 잠깐의 쉼이 쌓여야 장기적으로 버틸 에너지를 확보할 수 있다. 무조건 휴식을 미루고 달리기만 하면, 어느 순간 효율이 급락해 오히려 더 많은 시간을 허비하게 된다.

휴식은 생산성에 반비례하는 게 아니라 오히려 필요한 보완재다. '좀 피곤하지만 더해 보자'며 무리하다가 집중력이 떨어지는 것보다는, 적절히 휴식을 취해 높은 집중력을 발휘하는 편이 더 이득이다.

쉬운 것부터 시작하라
: 진입 장벽을 낮추는 법

누구나 새로운 프로젝트를 시작하거나 오래 미뤄 둔 일을 꺼내면 부담감을 느낀다. 예를 들어 유튜브를 해 볼까 생각해도, 처음부터 스튜디오를 빌리거나 고가 장비를 구비하고 완벽한 대본을 준비하려 들면 지레 겁이 나서 시작 자체가 어려워진다.

따라서 가장 쉬운 것부터 손을 대야 한다. 휴대폰 카메라로 간단히 테스트 촬영을 해본다든지, 편집 프로그램 사용법을 10분 정도 훑어본다든지, 영상이 부담스럽다면 짧은 대본부터 써보는 식이다. 이렇게 작은 시도로 진입 장벽을 낮추면 생각보다 쉽게 시작할 수 있고, 그 과정에서 생기는 작은 성취감이 다음 단계로 이끌어 준다.

이 원리는 공부에도 똑같이 적용된다. 공부해야 할 과목이 많다면 가장 어렵고 복잡한 것부터 하기보다는, 비교적 기초적인 단원이나 수월해 보이는 과목부터 시작해 빠르게 진도를 내본다. 작은 목표라도 이룰 때마다 누적되는 긍정적 감각이 더 큰 도전을 두렵지 않게 만든다.

시간을 쪼개라
: 활동의 몰입도를 높이는 전략

여러 일을 병행하면 한 번에 길게 집중할 시간을 확보하기 어렵다. 예를 들어 오전 9시부터 낮 1시까지는 변리사 업무, 오후 2시부터 4시까지는 컨설팅, 그 이후에는 강의 촬영, 밤에는 아이들과 시간 보내기를 해야 하는 상황에서 특정 일에 4시간 이상 몰아서 집중하겠다는 전략은 쉽지 않다.

그래서 나는 시간을 잘게 쪼개서 사용한다. 조금 지치거나 늘어진 기분이 들면 작업 내용을 전환한다. 예컨대 30분 정도 명세서를 작성하다가 집중력이 떨어지면, 유튜브 대본을 쓰거나 강의 자료를 수정하는 식이다. 이전 작업과 성격이 다른 일을 하면 의외로 효율이 좋아진다. 이렇게 짧은 몰입 시간을 여러 차례 만들어 내면, 한 작업이 끝날 때마다 가볍게 리프레시할 수 있고, 뇌가 지치지 않도록 분산해 쓸 수 있다. 업무 효율이 높아지고 에너지도 덜 소진된다.

한 걸음씩 나아가라
: 작고 구체적인 목표 설정하기

너무 큰 목표는 겉보기엔 멋지지만 실행하기 어려워 좌절을 부를 수 있다. 예를 들어 '1년 안에 시험에 합격하겠다'는 막연한 목표 대신 '이번 주 안에 3단원까지 정독하고, 문제 풀이 20문항을 마치겠다'처럼 작고 구체적인 목표가 실행에 훨씬 도움이 된다. 비록 작지만 달성했을 때 느끼는 성취감 또한 의외로 크다.

이 원칙은 유튜브 채널 운영이나 책 집필에도 똑같이 적용된다. 나는 '매주 영상 1개', '하루 1시간 집필' 같이 비교적 작은 단위로 목표를 잡았다. 그 결과 영상이 하나둘 쌓이고 책 원고 분량도 빠르게 늘었다. 이런 작은 성공들이 '더 할 수 있겠다'는 자신감을 키워 준다.

결국 작은 목표를 한 걸음씩 실행하다 보면 어느 순간 많이 달려와 있는 자신을 발견하게 된다. 작은 목표가 모여 큰 변화를 만든다는 점을 절대 가볍게 보지 말자.

계획을 수정하고 조정하라
: 유연한 마인드셋의 중요성

아무리 치밀하게 계획해도 실제 일정 속에선 예상치 못한 일이 생긴다. 나의 경우 변리사 업무 중 갑자기 큰 사건이 들어오거나, 컨설팅 의뢰가 몰리거나, 가정 행사나 아이 돌봄 이슈가 터질 수 있다. 이럴 때는 포기할 게 아니라 일단 우선순위를 다시 세운 뒤 할 수 있는 만큼 보완하면 된다.

만약 '중요하고 긴급한 일'이 갑자기 늘었다면, '중요하지만 급하지 않은 일'의 일부를 다음 날로 미루거나 주말에 몰아서 처리할 수 있다. 여기서 중요한 건, 일정이 어긋나는 건 자연스러우며 이를 조정하는 능력이 관건이라는 태도다. 이런 유연함은 공부나 업무뿐만 아니라 인생 전반에서 큰 무기가 된다.

시간 관리는 더 많은 일을 해내는 기술이 아니다. 오히려 어떻게 지치지 않고 꾸준히 높은 집중도를 유지하며 목표에 다다를까를 고민하는 과정이다. 잠과 휴식, 작은 목표 설정 등 모든 요소는 결국 자기만의 리듬을 찾아 지속 가능한 삶을 만들어 가는 수단이다.

무엇보다 이런 방식들을 일상에 무리 없이 녹여 내야 한다. 아무리 훌륭한 방법도 내가 감당하기 어렵다면 작심삼일에 그칠 뿐이다. 그러니 스스로의 생활 패턴을 냉정하게 돌아보고, 숙면 시간을 확보하고, 장기적 안목으로 조금씩 계획을 수정·보완해 나만의 루틴을 완성해 가야 한다.

시간 관리는 결국 삶 전체를 관리하는 것과 같다. 따라서 제대로 된 시간 관리를 통해 안정적이고 풍요로운 삶을 만들어 나가자.

N잡을 위한
시간 세팅법

N잡러로서 여러 직업을 병행하려면, 단순히 다양한 일을 해내는 것보다 이를 효율적이고 성공적으로 수행할 수 있도록 시간과 에너지를 체계적으로 관리하는 일이 중요하다. 특히 시간을 효과적으로 세팅하는 방법을 통해 여러 일을 동시에 해내면서도 높은 성과를 낼 수 있다.

하루를 시간대별로 나누어
효율적으로 활용하자

하루 중 가장 중요한 시간대는 에너지가 많이 필요한 핵심 업무를 처리하는 데 활용한다. 예를 들어 오전 9시부터 오후 1시까지를 본업에만 몰입하는 구간으로 정해 두면, 이 시간에는 이메일이나 SNS 확인 대신 명세서 작성 등 복잡한 사고가 필요한 작업에 몰두하고, 불필요한 알림을 꺼두는 등 방해 요소를 최소화해 집중도를 높인다.

주 업무 시간대 외에는 부업이나 추가 업무를 배치한다. 오전처럼 에너지가 최고조는 아니더라도 매일 일정 분량씩 꾸준히 진행하면 장기적으로 큰 누적 효과가 나타난다. 예를 들어 하루 30분씩 글을 써도 한 달 후에는 제법 많은 원고가 쌓이고, 매일 1시간씩 편집 작업을 하면 어느새 여러 개의 영상을 제작할 수 있다. 부업 시간대는 단기간에 큰 성과를 내는 시간이라기보다 조금씩 앞으로 나아가는 시간이라는 인식을 가지면 지치지 않고 꾸준함을 유지하기 좋다.

상대적으로 집중력이 떨어지거나 나른해지는 시간대에는 단순 반복 작업(자료 정리, 편집, 데이터 입력 등)을 우선 배치하고, 저녁이나 밤 시간에는 컨디션을 살펴 가능하면 미뤄 둔 작업을 처리한다. 이때도 만약 피곤하다면 단순 반복 작업으로 대체하고, 깊은 사고력이 필요한 작업은 다음 날 주 업무 시간대로 옮긴다.

이처럼 시간대를 기능별로 구분하고, 각 시간대에 맞는 업무를 의도적으로 배치하는 것이 장기적으로 N잡을 유지할 수 있는 방법이다. 결국 중요한 것은, 많은 일을 처리하는 것이 아니라 일마다 들어갈 자리를 '정확히' 찾아주는 것이다.

우선순위를 제대로 세팅하자

여러 직업이나 일을 병행할 때는 각 업무의 우선순위를 명확히 정해야 한다. 우선순위가 제대로 설정되지 않으면 중요한 일이 뒤로 밀리거나 마감에 쫓길 수 있기 때문이다. 따라서 매일 아침이나 전날 밤에 할 일 목록을 작성하고, 각 업무에 대해 중요도와 긴급성을 기준으로 우선순위를 분명히 매겨야 한다.

'긴급하고 중요한 일'은 마감이 임박했거나 결과에 큰 영향을 미치는 핵심 업무로, 가장 먼저 처리해야 한다. 예를 들어 마감 기한이 코앞이거나 성과에 큰 파급 효과가 있는 프로젝트 등이다. 이런 업무는 아침 시간대처럼 집중력이 뛰어난 시기에 배치해 돌발 상황으로 인한 피해를 최소화해야 한다.

'중요하지만 긴급하지 않은 일'은 당장 급하지 않아 보이지만 장기적 성장과 성과에 큰 영향을 미치는 작업이다. 예를 들어 유튜브 영상 촬영과 기획, 책 원고 집필, 교재 수정, 강의 자료 제작 등은 당장 마감은 아니지만 꾸준히 시간을 들여야 한다. 이런 일들을 계속 미루다 보면 마감 직전 몰려서 고생하거나 결국 완성하지 못할 수 있다. 따라서 지금은 급하지 않지만 나중에는 꼭 필요한 작업임을 인식하고, 아예 시간대를 고정해 꾸준히 진행하는 습관이 필요하다.

마지막으로 '긴급하지도 중요하지도 않지만 해야 하는 일'은 상대적으로 에너지가 떨어지는 시간대나 자기 전에 처리하기 좋다. 예를 들면 블로그 글 발행, 상세페이지 업데이트, 컨설팅이나 그룹스터디 모집 등이다.

노트북으로 언제 어디서든 작업할 수 있는 환경을 마련하자

N잡러에게는 어디서든 작업할 수 있는 환경이 매우 중요하다. 예측하기 어려운 상황에서도 업무를 이어가야 연속성이 깨지지 않기 때문이다. 그래서 노트북을 항상 들고 다니는 것이 큰 도움이 된다.

노트북을 휴대하면 카페나 도서관, 공공장소 어디든 즉시 업무 공간이 되므로, 갑자기 생기는 대기 시간에 문서 작성이나 메일 확인, 강의안 다듬기 등을 할 수 있다. 여기에 클라우드 서비스를 연동해 두면 필요한 파일을 최신 상태로 불러와서 바로 수정 가능하므로, 장소 제약 없이 일의 흐름을 이어갈 수 있다.

자투리 시간도 소중히 활용하자

N잡을 성공적으로 수행하려면 자투리 시간을 잘 활용해야 한다. 자투리 시간은 얼핏 아주 작아 보이지만 5분, 10분씩 짧게 생기는 시간을 모으면 어느새 15분, 30분이 되고, 이것이 긴 기간에 걸쳐 쌓이면 큰 성과로 이어진다. 이때 간단한 업무나 준비된 작업을 처리하거나, 마치 타임어택 하듯 집중력을 끌어올리면 주된 업무 시간 외에도 여러 목표를 조금씩 진척시킬 수 있다.

나는 대학교 시절 공대 복수전공과 조기졸업에 성공한 비결 중 하나로 자투리 시간 활용을 꼽는다. 짧고 사소해 보이는 시간도 누적되면 강력한 힘을 발휘한다. 새로운 취미, 프로젝트, 자격증 공부까지 어떤 목표든 자투리 시간을 통해 바쁜 일상 속에서도 달성해 나갈 수 있다.

다만 자투리 시간에는 완전히 새로운 작업을 시작하기보다 이미 진행 중인 업무를 점검하거나 익숙한 작업을 조금씩 이어가는 편이 낫다. 새로운 일을 급히 시작하면 오히려 부담이 커질 수 있기 때문이다. 물론 '5분만 해 볼까?' 하고 간단히 착수했다가 20~30분씩 이어지는 경우도 있으니, 작은 시작이 의외의 긴 몰입으로 이어질 수 있음을 기억하자.

또한 처음부터 자투리 시간을 활용해 '하루 1시간 이상 공부하겠다'처럼 큰 목표를 세우거나 무리하게 시간을 끌어 쓰면 부담만 늘어난다. 우선 작고 짧게 시작해 습관화하고, 익숙해지면 조금씩 시간을 늘려 가자.

결국 자투리 시간은 짧지만 집중적으로 쓸 수 있는 귀중한 자원이다. 미리 간단한 작업 목록이나 자료를 준비해 두면 매번 새롭게 고민하지 않고도 효율적으로 활용할 수 있다. 이는 수험생뿐 아니라, 일상 속에서 특정 목표를 이루고 싶은 누구에게나 적용 가능하다. 짧은 시간도 결코 짧지 않음을 기억하자.

활용 가능한 자투리 시간대

낮잠 전, 잠자기 전, 이동 시간, 운동 직후 등 자주 맞닥뜨리는 자투리 시간을 파악해 두면 갑자기 짧은 틈이 생겼을 때 금세 활용할 수 있다.

- **낮잠 직전**

낮잠을 자기 전 5~10분 동안 회고나 간단한 계획 수립을 하면 좋다. 혹은 창의적 아이디어가 필요한 과제를 살짝 떠올린 뒤 잠들면 예상치 못한 아이디어가 떠오를 때도 있다.

- **운동 직전·직후**

운동이 뇌를 활성화하고 집중력을 높이므로, 운동 직전이나 직후에 간단한 자료를 확인하면 생각보다 몰입도가 올라간다.

- **자기 직전**

잠자리에 들기 전 다음 날 할 일을 메모하거나 꼭 기억해야 할 내용을 훑어보는 것만으로도 큰 효과가 있다. 실제로 잠들기 직전에 본 내용이 기억 정리에 좋다는 연구 결과도 있으니 시도해 보자.

- **이동 중**

출퇴근이나 약속 장소로 이동하는 중에 스마트폰이나 태블릿을 이용해 이메일을 확인하거나 문서 작성·아이디어 메모 정리 등을 할 수 있다. 나는 주로 그날 일정이나 향후 한 주간의 계획을 확인하곤 한다. 또한 팟캐스트, 오디오북, 온라인 강의, 시험 관련 스크립트 등을 음성으로 전환해 들어도 좋다.

- **대기 시간**

약속 전 남은 시간이나 미팅 전에 생기는 짧은 공백 시간도 활용하기 좋다. 예를 들어 일정 조정, 프로젝트 아이디어 정리 등 간단한 작업을 해 두면 본격적인 업무 시간을 아낄 수 있다.

"시간 관리는

결국 삶 전체를

관리하는 것과 같다."

효율적인
업무 꿀팁

　　　　　　　종종 '어떻게 동시에 그렇게 많은 일을 할 수 있느냐'고 묻는 사람이 있다. 어떤 사람은 특별한 능력이 있다고 생각하기도 하지만, 실제로는 작은 습관부터 시작해서 꾸준히 업무 방식을 최적화해 온 결과라고 생각한다.

　효율적인 업무를 위해서는 하드웨어 환경부터 소프트웨어 활용, 구체적인 작업 방식까지 여러 요소를 세심하게 점검하고 다듬는 과정이 필수적이다. 업무에 몰입할 수 있는 신체적·정신적 환경을 만들지 않으면 결국 지치기 쉽기 때문이다. 사람마다 업무 특성이나 작업 스타일이 다를 수 있지만, 작은 부분부터 꾸준히 개선하다 보면 생산성에서 큰 변화를 체감하게 된다. 여기서 소개하는 '효율적인 업무 꿀팁'도 그 연장선이다. 작아 보이는 팁이라도 실제로 적용해 보면 큰 효과가 있으니 부담 없이 참고해 보길 권한다.

하드웨어 활용

① 인체공학적 의자 및 책상 사용

하루 종일 앉아 있는 수험생이나 직장인에게 의자는 핵심 장비다. 허리가 쉽게 피곤해지거나 목·어깨 통증이 생기면 집중력이 급격히 떨어지고, 그 상태가 오래가면 업무나 공부 전체에 악영향을 준다. 나도 과거에는 적당히 아무 의자나 쓰다가 몸이 자주 뻐근해졌고, 결국 고가지만 인체공학적으로 설계된 제품(허먼밀러 뉴에어론)을 쓰기 시작했다. 처음엔 가격이 부담스러웠지만, 자세 교정과 피로 감소 효과가 커서 장기적으로 이득이라는 판단이었다.

책상 역시 높이 조절이 되는 제품이면 좋다. 오래 앉아 있다 보면 허리나 엉덩이가 뻐근해질 수 있는데, 전동식 스탠딩 데스크를 쓰면 버튼 한 번으로 서서 일할 수 있어 척추 부담이 줄어든다.

② **모니터 병렬 배치**

멀티태스킹이 잦다면 듀얼 모니터가 큰 도움이 된다. 한쪽 화면에는 워드나 편집 툴을, 다른 화면에는 참고 자료나 이메일 창을 띄워 두면 업무 전환이 훨씬 빠르다. 윈도우의 '가상 데스크톱' 기능을 활용해 작업별로 데스크톱 환경을 분리해 두는 것도 좋다. 모니터 높이와 각도도 중요하다. 눈높이보다 지나치게 낮거나 높으면 목과 등의 통증이 심해지므로, 노트북 스탠드나 모니터암 등을 활용해 '자연스럽게 목이 숙여지지 않는' 위치를 찾는 것이 핵심이다.

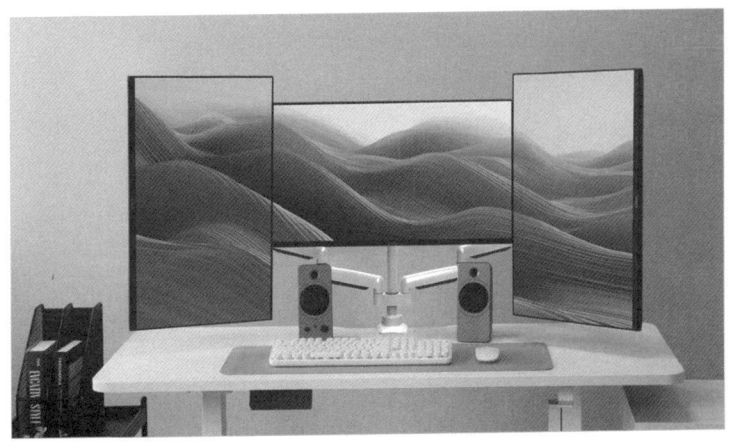

③ 고해상도 모니터 사용

글자를 많이 보는 업무를 한다면 고해상도 모니터 투자도 고려해 볼 만하다. 텍스트가 선명하게 보이니 눈 피로가 덜하고, 오타나 오류를 찾는 집중력도 올라간다. '야간 모드(Night Mode)'나 '청색광 감소 모드'를 활성화하면 늦은 밤까지 작업할 때 눈 부담이 크게 줄어든다.

소프트웨어 활용

디지털 도구를 제대로 쓰면 단순 반복 업무를 크게 줄이고, 자료나 아이디어를 깔끔히 정리할 수 있다. 특히 여러 일을 병행해야 하는 나 같은 N잡러에게는 제대로 된 도구 사용이 필수적이다. PC와 스마트폰, 태블릿을 연동해 어디서든 문서를 열고 수정·보완할 수 있도록 해 두면 자투리 시간을 활용하기도 훨씬 편해진다.

① 인체공학적 마우스 및 매크로 키보드 사용

손목이 자주 아프다면 버티컬(수직) 형태의 마우스나 손목 보호대 등을 적극 고려해 볼 만하다. 또 매크로 키보드를 사용하면 반복되는 문구 입력이나 소프트웨어 실행을 버튼 하나로 처리할 수 있다. 하루에 단 몇 초씩 아껴도, 주 5~6일 꾸준히 반복되면 누적 시간이 상당하다.

 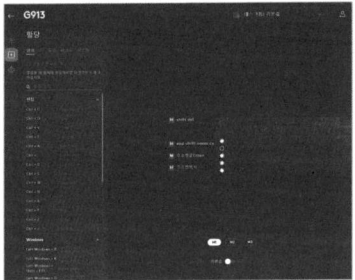

② 매크로 장비 사용

단축키나 매크로 기능을 설정해 두면 반복 클릭을 없앨 수 있다. 예를 들어 영상 편집에서 자막이나 트랜지션을 넣는 과정을 단축키로 만들면 작업 속도 감소가 체감될 정도로 빨라진다. 단, 비싼 장비를 무턱대고 사들이기보다 내가 반복적으로 하고 있는 작업을 살펴 필요에 맞는 제품부터 골라 보는 것이 좋다.

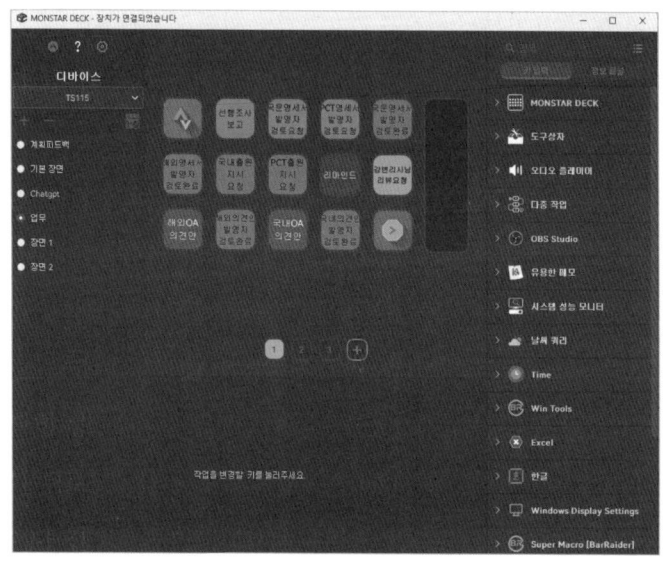

③ 작업 표시줄 고정

작업 표시줄에 자주 쓰는 프로그램을 고정해 두거나 단축키를 익히는 일은 사소해 보이지만, 실제로는 공부와 업무 효율, 일상 루틴까지 크게 바꿀 수 있는 중요한 습관이다. 여러 일을 동시에 진행해야 하는 상황일수록, 이 작은 절차만으로도 업무 흐름이 훨씬 매끄러워진다. 자료를 찾다가 아이디어가 떠오르거나 갑자기 해야 할 일이 생기면, 프로그램을 빠르게 열어 바로 행동에 옮길 수 있기 때문이다. 반면 작업에 몰두하다가 '아, 그래픽 툴을 열어야 하는데 어디 있지?'라고 마우스를 이리저리 움직이다 보면 흐름이 끊기고, 결국 미루는 악순환으로 이어지기 쉽다.

그래서 나는 작업 표시줄에 자주 쓰는 프로그램을 고정해 둔다. 웹 브라우저를 두세 개 동시에 사용하기도 하고, 문서 작업을 위해 워드나 한글, 엑셀 등을 수시로 연다. 그래픽 작업이 필요할 때는 포토샵이나 일러스트레이터, 영상을 편집할 때는 편집용 툴을 작업 표시줄에 깔끔히 정렬해 둔다.

윈도우 파워토이(Windows PowerToys) 활용

윈도우를 사용한다면, 마이크로소프트의 무료 소프트웨어인 파워토이를 적극 권장한다.

① 팬시존(FancyZones)

화면 레이아웃을 원하는 형태로 구획해 놓고 창을 드래그만 하면 자동으로 맞춰 배치해 주는 기능이다. 여러 창을 동시에 열어 놔야 하는 경우, 창 크기 조정과 위치 이동에 드는 시간을 크게 줄여 준다. 듀얼·트리플 모니터 환경이라면 효율이 더 극적으로 오른다.

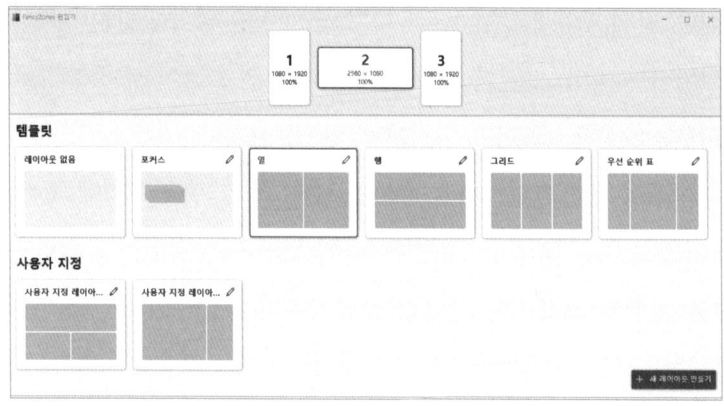

② 파워 리네임(PowerRename)

파일 이름을 일괄 변환할 수 있는 기능이다. 예를 들어 'week1. mp4, week2.mp4…' 같은 식으로 파일명을 빠르게 일괄 수정할 수 있어, 주차별·프로젝트별 파일 관리를 쉽게 해 준다.

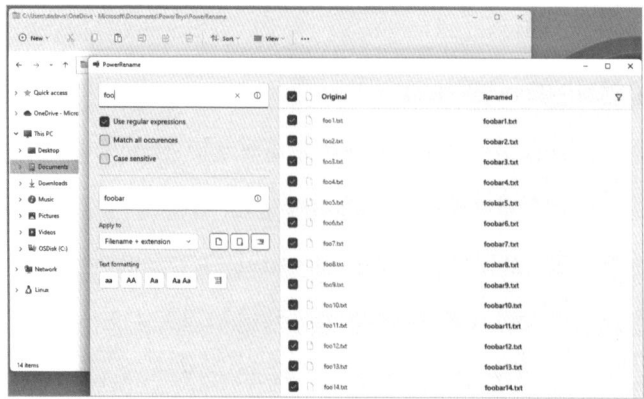

③ 키보드 매니저(Keyboard Manager)

원하는 대로 키를 재배치하거나 새로운 단축키를 만들어 쓸 수 있다. 맥과 윈도우를 오가며 사용하는 사람이나, 잦은 코딩 및 문서 작업을 하는 이들에게 유용하다. 하루 종일 PC 앞에서 일해야 하는 사람이라면 작은 단축키 차이도 누적되어 큰 효율성을 낳는다.

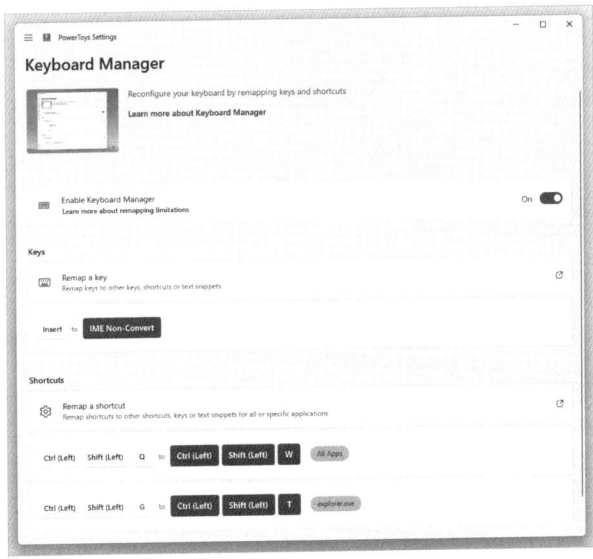

AI 활용

최근 인공지능(AI) 툴이 빠르게 발전하면서, 업무와 공부 생산성을 한층 높일 가능성이 열리고 있다. 처음에는 낯설 수 있지만, 작은 용도부터 시작해 자신만의 활용법을 찾아나가면 의외로 큰 효과를 볼 수 있을 것이다.

AI 도구들을 잘 활용하면 자료 조사를 빠르게 하고, 초안을 단숨에 완성해 수정하는 시간을 늘릴 수 있다. 그만큼 본질적인 업무나 공부에 집중할 여력이 생기고, 남는 시간을 휴식이나 가족과의 시간에 쓸 수도 있다.

① 챗GPT(ChatGPT)

질문-답변 형태로 많이 쓰지만, 장문의 초안 작성·번역·요약·브레인스토밍 등 활용 범위가 훨씬 넓다. 예를 들어 '이런 주제로 개요를 잡아 줘'라고 요청해 초안을 받고, 그 내용을 직접 검증·보완하면 글쓰기 시간을 대폭 줄일 수 있다. 다만, 정보의 정확성은 최종적으로 사람이 확인해야 한다.

② 퍼플렉시티(Perplexity)

검색 기반 AI로, 특정 주제의 보고서나 통계 자료를 찾을 때 유용하다. 관련 링크를 제시해 주지만, 인용 정보가 잘못된 경우가 드물지 않으므로 항상 직접 원문을 열어 확인하는 절차는 필수다.

③ 냅킨(Napkin)

아이디어나 생각을 시각적으로 구조화하는 데 특화된 툴이다. 메모 형태로 떠오르는 생각을 적으면, 냅킨이 자동으로 연관 자료나 이미지를 추천해 주고 구조를 잡아 준다. 복잡한 아이디어를 정리할 때 유용하다.

일정 및 할 일 관리

① 메모 앱과 캘린더 활용

머릿속으로만 일정을 기억하려 하면 놓치기 쉽다. 모바일·PC·태블릿 등 어디서든 열람 가능한 메모 앱이나 캘린더에 즉시 기록하는 습관을 들이면, 아이디어나 할 일을 깜빡 잊는 일이 크게 줄어든다. 운전 중에는 음성 메모를, 쉬는 시간에는 짧은 문서나 체크리스트를 활용한다.

② 일정 구체화

'~을 해야 한다' 정도에서 끝내지 말고, 언제·어디서·얼마나 할 것인지까지 구체화한다. 예를 들어 '오늘 오후 2~3시에 카페에서 강연

자료 3장 보완하기'와 같이 계획을 한정하면 실행력이 높아진다.

③ 작업 세분화

특히 공부나 서류 작업처럼 부담이 큰 일은 작은 단위로 나누어 기록하면 심리적 장벽이 낮아진다. 예를 들어 '민법 기출 풀이 20분'처럼 계획을 세분화해 적으면 금방 끝낼 수 있겠다는 동기가 생긴다.

④ 우선순위 재조정

변수나 긴급 업무가 생겨 일정이 틀어졌을 때는 포기하지 말고 계획 간에 조정하거나 '최소한 30분이라도 진행하자'는 식으로 작은 수정을 시도해 본다.

환경 관리

① 물리적 환경

의자·책상·조명·소음 수준 등 기본 세팅이 잘 갖춰져야 집중력이 지속된다. 집에서 아이들 소리가 신경 쓰인다면, 노이즈캔슬링 헤드폰을 쓰거나 집이 아닌 카페, 도서관 등 다른 장소로 이동할 수도 있다.

② 디지털 환경

스마트폰 알림이나 SNS 창은 집중력을 흐트러뜨리는 대표적인 요소다. 필요하다면 알림을 꺼두거나 관련 앱을 삭제해서 집중에 방해받지 않는 상태를 만들어야 한다.

③ 지속적 점검

한 번 책상 위치를 바꾸고 끝나는 문제가 아니다. 조금씩 변화를 시도하고, 불필요한 잡동사니를 치우고, 새로운 하드웨어와 소프트웨어를 도입해 보며 나만의 '최적화된 환경'을 찾아 가는 과정이 계속되어야 한다.

효율적인 업무 환경을 갖춘다는 것은 결코 멋지거나 비싼 장비를 무턱대고 사들이는 것만이 아니다. 의자 높이, 모니터 배치, 소프트웨어나 AI 도구 활용 등 작은 요소를 하나씩 개선해 오래 집중할 수 있는 구조를 만들면, 몸이 편해지고 반복 작업이 줄어들어 생산성이 크게 높아진다.

특히 N잡러나 장기 수험생이라면 이런 세부 환경 관리가 결코 사소하지 않다. 조금이라도 지치지 않고 더 오래 집중할 수 있어야 본업·부업·학습·가족과의 시간까지 골고루 챙길 수 있다.

처음부터 모든 것을 완벽하게 갖출 필요는 없다. 가장 직접적인 영향을 주는 의자와 모니터부터 차근차근 개선하며 점차 확장해 나

가다 보면, 어느 순간 '언제 이렇게 많이 해냈지?' 하는 놀라움을 가져다줄 것이다.

시간 관리의 꽃,
휴식과 체력 관리

　　　　　장기적으로 공부나 일을 지속하려면 결국 몸이 제 역할을 감당할 수 있어야 한다. 나도 예전에는 정신력만으로 충분할 거라고 단순하게 생각했지만, 체력이 뒷받침되지 않으면 목표나 끈기도 무의미해진다는 교훈을 몸소 여러 번 느꼈다.

규칙적인 수면 및 운동하기

　좋은 수면 습관은 체력 유지의 기본이다. 젊을 때는 잠을 줄여 그 시간을 공부나 업무에 투자하면 더 빨리 목표에 닿을 수 있다고 착각하기 쉽다. 나 역시 '1시간이라도 더 공부하자'는 마음으로 밤늦게까지 깨어 있곤 했다. 하지만 다음 날 집중력이 떨어지고 예민해져 오히려 학습 효율 전체가 떨어지는 경험을 하면서, 이제는 '잘 자는 것이 잘 공부하는 것'임을 당연하게 여기고 있다.

또한 운동의 중요성도 빼놓을 수 없다. 일하면서 충분히 움직인다고 생각할 수 있지만, 일하는 것과 운동하는 것은 전혀 다른 차원이다. 개인적으로 한동안 밤늦게까지 일과 공부를 병행한 적이 있었는데, 허리나 어깨 통증이 심해졌고 잠을 자도 피로가 가시지 않았다. 결국 병원에 다니며 근본적으로 몸을 움직여야 한다는 사실을 깨달았다. 꼭 헬스장에 가지 않더라도 스트레칭이나 걷기, 계단 오르기 등 일상 속 운동만으로도 체력이 크게 개선될 수 있다. 나 또한 몸을 규칙적으로 움직이면서 혈액 순환이 좋아지고, 정신이 맑아져 공부나 업무 집중력이 올라가는 걸 체감했다.

휴식은 선택이 아니라 필수

제대로 쉬지 않고 장시간 일하거나 공부하면 금세 효율이 떨어진다. 책장을 넘겨도 이해가 잘 안 되거나 감정적으로 쉽게 흔들리기도 한다. 그래서 나는 계획을 세울 때 반드시 쉴 시간을 먼저 배치해 둔다. 짧게라도 산책을 하거나 잠시 창밖을 보며 아무 생각도 하지 않는 것이다. 특히 여러 프로젝트를 동시에 진행할 때는 업무와 업무 사이에 잠깐씩 '환기 시간'을 두는 것이 집중력 회복에 효과적이다.

하지만 휴식 시간을 정해 놓고도 머릿속에서 할 일 목록이나 제대로 놀아야 한다는 강박이 떠나지 않는다면 사실상 쉬지 않고 있는 것이다. 진정한 휴식은 일이나 공부를 떠올리지 않는 휴식, 몸과 마음을 재충전하는 휴식이기 때문이다. 따라서 각자에게 맞는 음악 듣기, 가벼운 운동이나 명상 등으로 신경 쓸 거리에서 잠시 벗어나 스스로에게 집중해 보자.

휴식을 취하고 체력을 관리하는 것은 나태함이 아니라 더 멀리 가기 위한 필수 전략이다. 안전장치가 잘 갖추어져 있어야 끝까지 포기하지 않을 수 있기 때문이다. 이는 공부법이나 시간 관리와도 직결된다. 아무리 좋은 계획을 세워도 몸이 지쳐 있으면 원하는 퍼포먼스가 나오지 않는다. 특히 직장 생활과 공부를 병행하거나 N잡러로 사는 사람들에게 휴식은 '선택이 아니라 필수'라고 강조하고 싶다.

"잘 자는 것이

잘 공부하는 것이다."

부록

직장 병행 수험생을 위한 노트

직장 병행 수험생의
공부법

 직장 생활을 하면서 공부를 병행하는 것은 결코 쉽지 않은 일이다. 나도 그 과정을 직접 경험했다. 결과적으로는 실패였고, 그 시기를 돌이켜 보면 '가장 비효율적이었던 2년'이라고 표현할 수 있다. 가장 큰 문제는 물리적으로 확보할 수 있는 공부 시간이 절대적으로 부족했다는 점이다. 물론 내 의지가 약했던 이유도 있겠지만, 공부를 해야 한다는 압박감 속에 나는 그 2년 동안 일주일에 겨우 10시간밖에 공부하지 못했다.

 하지만 그 시기를 통해 직장 병행 공부의 성패는 오로지 '공부 시간 확보'와 '효율성 극대화'라는 두 가지 키워드에 달려 있음을 깨달았다. 이 두 가지를 제대로 이해하고 실행하지 못하면, 아무리 열심히 노력해도 결국에는 고생만 하고 남는 것은 아무것도 없다.

공부는 밑 빠진 독에 물을 채우는 것과 비슷하다. 일정량 이상의 물을 지속적으로 부어 주어야 독에 물이 남는 것처럼, 공부에서도 최소한의 시간 확보는 필수적이다. 또한 공부의 효율성을 극대화하는 것도 매우 중요하다. 직장 병행 수험생은 전업 수험생과 경쟁해야 하는데, 시간적 여건이 불리한 만큼 공부의 질을 높이는 것이 필수적이다. 효율적으로 공부하지 못한다면 아무리 많은 시간을 들여도 원하는 성과를 얻기 어렵다. 공부 방향을 잘못 설정하거나 시행착오를 반복하면서 시간을 낭비했던 경험을 통해, 올바른 공부법의 중요성을 절감했다.

하지만 하루 24시간이라는 한정된 시간 속에 직장 생활을 병행하면서 공부 시간을 늘리는 것은 결코 쉽지 않다. 여기서 중요한 것은 '지속 가능성'이다. 공부 시간을 하루이틀 무리해서 확보하는 것은 누구나 할 수 있지만, 몇 개월에서 몇 년간 꾸준히 이어가는 것은 또 다른 문제이다. 나는 하루 평균 4~5시간, 주 6일을 공부할 수 있다면 대부분의 시험에서 합격할 수 있다고 확신한다. 이를 일주일 단위로 보면 약 24~30시간의 공부 시간이 필요하다. 하지만 이 시간을 확보할 수 없다면 직장 병행 공부는 현실적으로 성공하기 어렵다.

그렇다면 지속 가능한 공부 시간을 확보하기 위해 어떻게 해야 할까? 먼저 자신의 하루 일과를 세밀하게 분석해야 한다. 예를 들어 하루를 아침, 출근 시간, 점심시간, 퇴근 후, 자기 전 등으로 나누고, 각 시간대에서 내가 가장 효율적으로 공부할 수 있는 시간을 찾아야 한다. 아침형 인간이라면 출근 전에 공부 시간을 확보하는 것이, 올빼미형 인간이라면 퇴근 후 시간을 활용하는 것이 좋다. 그리고 하루 중 언제 공부하느냐보다 중요한 것은 나에게 가장 집중력이 높은 시간을 찾아 그 시간에 최대한 효율적으로 공부하는 것이다.

1. 출근 전
2. 출근 시간
3. 오전 업무 시간
4. 점심시간
5. 오후 업무 시간
6. 퇴근 후
7. 취침 전

직장 병행 수험생들에게 자투리 시간은 생각보다 큰 자산이다. 출근 전 10분, 점심시간 10분, 퇴근 후 10분처럼 작은 시간들을 모으고 모으면 하루에 1시간 이상의 공부 시간을 확보할 수 있다. 나의 경우 대학 시절에도 공강 시간이나 짧은 쉬는 시간을 최대한 활용하며 공부를 이어갔고, 이런 습관이 직장 병행 공부에서도 큰 도움이 되었다. 특히, 자투리 시간은 공부를 끝내야 하는 시간이 명확하게 정해져 있기 때문에 집중력이 극대화되는 경향이 있다. 이러한 시간들을 활용해 간단한 복습이나 암기 작업을 진행하면, 시간이 누적됨에 따라 전업 수험생 못지않은 학습량을 만들어 낼 수 있다.

자투리 시간을 더 효율적으로 쓰기 위해 도구를 적극적으로 활용하는 것도 좋다. 예를 들어 플래시 카드나 안키(Anki) 어플을 사용하면, 출퇴근 시간이나 이동 중에도 학습이 가능하다. 나는 출퇴근 시간에 플래시 카드를 반복해서 보고, 점심시간에 간단한 암기를 진행했다.

시간 활용의 효율성도 중요하다. 직장 병행 수험생들은 전업 수험생에 비해 공부 시간이 절대적으로 부족하므로, 적은 시간을 투자하더라도 올바른 방향으로 공부해야 한다. 공부 방향이 잘못되면 아무리 많은 시간을 투자해도 결과가 나오지 않는다. 시행착오를 최소화하고, 내가 가는 길이 맞는지 점검하며 나아가는 것이 직장 병행 수험생이 합격으로 가는 유일한 길이다.

마지막으로 강조하고 싶은 점은, 공부와 휴식의 균형을 맞추는 것이다. 직장 병행 수험 생활은 단거리 경주가 아닌 장거리 마라톤이다. 따라서 무작정 잠을 줄이거나 휴식 없이 공부를 지속하면 결국 번아웃에 빠지고, 며칠 동안 아예 공부를 못하게 되는 상황이 발생할 수 있다. 따라서 나는 일주일에 하루는 반드시 휴식을 취할 것을 권한다. 특히 금요일 저녁이나 주말 중 하루를 온전히 쉬면서 재충전의 시간을 가져야 한다. 공부 시간을 확보하려는 욕심이 오히려 장기적인 학습을 방해하지 않도록, 스스로의 체력을 관리하는 것도 중요한 공부 전략의 일부다.

잠을 줄일 수 있다면 좋겠지만, 줄이지 못하겠다면 차라리 깔끔하게 충분히 자는 것이 더 낫다. 졸린 상태에서 비효율적으로 공부하는 것보다, 잘 자고 집중력 있는 상태에서 짧게 공부하는 것이 훨씬 효과적이다. 온전히 재충전할 시간을 확보해 두면 장기적으로 더 지속 가능한 공부를 이어갈 수 있다.

직장 병행 수험생만의
강점

직장과 공부를 병행하면서도 전업 수험생보다 더 유리할 수 있다는 이야기를 들으면 쉽게 납득이 가지 않을 수 있다. 하지만 경우에 따라서는 직장 병행 수험생이 더 유리할 수도 있다.

첫 번째, 자투리 시간을 활용할 수 있다

직장 병행 수험생들에게 자투리 시간은 단순히 보조적인 시간이 아니다. 오히려 공부 시간의 핵심적인 축이 된다. 전업 수험생은 하루의 대부분이 공부로 채워져 있기 때문에 자투리 시간의 개념이 모호하지만, 직장 병행 수험생들에게는 하루를 구조화하고 집중력을 극대화하는 중요한 시간이다.

이 긴장감은 오히려 전업 수험생의 여유로움에서 오는 느슨함보다 더 나은 결과를 만들어 낸다.

두 번째, 간절함과 의지가 다르다

직장 병행 수험생들이 가진 간절함과 의지는 전업 수험생과는 또 다르다. 직장 병행 수험생들은 단순히 시험에 합격하고 싶다는 목표를 넘어 현재의 삶에서 벗어나고자 하는 절박함이 있다. 직장 내 스트레스와 정치, 미래에 대한 불확실성, 그리고 반복되는 일상 속에서의 회의감은 직장 병행 수험생들의 강력한 동기가 된다.

'이 회사에서 계속 일할 수 있을까?', '나의 미래가 지금 상사처럼 될까?'라는 질문이 머릿속을 떠나지 않을 때, 사람은 강력한 변화를 원하게 된다. 이런 현실적인 동기는 공부를 포기하고 싶은 순간에도 다시 책상 앞에 앉게 만드는 힘이 된다.

반면 전업 수험생들은 사회 경험이 적거나 경제적인 압박감이 덜한 경우가 많다. 그래서 상대적으로 포기하거나 지치는 경우가 더 많다.

세 번째, 심리적인 안정감이 있다

직장을 다니며 공부를 한다는 것은 경제적인 안정과 정해진 생활 리듬을 의미한다. 물론 직장 생활이 힘들 수 있지만, 최소한 매달 정기적으로 월급이 들어오고 직장이 주는 기본적인 안정감이 있다는 점은 큰 장점이다. 전업 수험생은 시험에 모든 것을 걸고 있기 때문에 심리적인 압박이 더 클 수밖에 없다.

대학교를 다니면서 수능을 다시 응시했을 때 느꼈던 점은 그런 안정감이 공부에 큰 영향을 준다는 것이었다. 직장 병행 수험생은 '최악의 경우에도 나는 직장이 있다'는 생각을 할 수 있다. 직장에 대한 만족도를 떠나 최소한의 안전망이 있다는 점은 심리적으로 큰 위안이 된다.

네 번째, 경제적인 여유가 있다

직장을 다니면서 월급을 받는다는 것은 전업 수험생에 비해 확실한 비교 우위이다. 수험 생활에서 필요한 교재, 온라인 강의, 학습 도구 등을 구매하는 데 있어 금전적인 부담을 덜 수 있고, 건강을 관리하기 위한 영양제, 마사지, 수액 등에도 투자할 수 있기 때문이다. 이러한 투자는 효율적인 학습과 체력 관리를 도와 장기적인 수험 생활에서 더 유리한 위치를 만들어 준다.

다섯 번째, 시간을 낭비하지 않는다

직장 병행 수험생들은 시간이 부족하기 때문에 공부 시간을 최대한 효율적으로 활용하려고 노력한다. 반면 전업 수험생은 처음에는 공부할 수 있는 시간이 많아 여유롭지만, 시간이 지나면 이 여유가 오히려 독이 될 수 있다. 너무 많은 시간은 느슨함과 무기력으로 이어지기 쉽기 때문이다.

퇴사 후 처음 한 달 동안은 공부할 수 있는 시간이 많아 행복했지만, 그 행복감은 한 달을 넘기지 못했다. 반복되는 일상 속에 지루함과 무기력함이 몰려왔고, 오히려 공부가 더 어려워졌다. 직장 병행 수험생들은 바쁜 일상 속에서 주어진 시간을 최대한 활용해야 하기 때문에 이런 무기력감에 빠질 가능성이 낮다.

결론적으로, 직장 병행 수험생들은 전업 수험생들에 뒤지지 않는 장점을 가지고 있다. 중요한 것은 자신의 상황을 객관적으로 이해하고, 주어진 환경에서 최선을 다하는 것이다. 자투리 시간을 모으고, 간절한 의지로 하루하루를 보내는 그 노력이 반드시 결실을 맺을 것이라 믿는다.

직장 병행 수험생의
위기 극복법

　내가 직장 병행 수험생으로서 직접 경험했던 시간들은 그 자체로도 치열했지만, 동시에 비효율과 시행착오로 점철된 날들이기도 했다. 직장을 다니면서 수험 생활을 병행한다는 것은 단순히 시간을 쪼개어 사용하는 문제에 그치지 않는다. 이는 체력, 정신력, 환경 등 모든 요소가 맞물려야 겨우 가능한 일이다. 그때 내가 느꼈던 후회와 깨달음들을 토대로, 직장 병행 수험생들이 어떻게 현재 상황을 효율적으로 활용할 수 있을지에 대해 이야기해 보려 한다.

기초 체력을 길러라

공부는 단순히 머리만 쓰는 활동이 아니다. 특히 장시간 고도의 집중력을 요구하는 공부는 신체적인 에너지의 뒷받침이 없으면 지속할 수 없다. 직장에서도 하루 종일 정신과 체력을 소진한 뒤, 집에 돌아와 공부를 하려면 그 피로감은 배가된다. 내가 직장 병행 수험 생활을 했을 때 가장 먼저 느꼈던 문제도 바로 체력이었다. 퇴근 후 책상 앞에 앉아 있으면 몰려오는 피로와 졸음으로 인해 공부한 내용이 머릿속에 제대로 들어오지 않았다.

그래서 내가 다시 직장 병행 수험생이 된다면, 하루에 1시간씩은 운동을 할 것이다. 헬스장에서 근력 운동이나 유산소 운동을 하거나, 집 근처에서 가볍게 달리기를 시작할 것이다. 이런 운동 습관은 단기적으로는 시간을 뺏는 것처럼 보이겠지만 장기적으로는 공부 효율을 크게 높여 준다. 특히 공부를 위한 체력이 갖춰지면, 피곤한 몸 상태에서도 집중력을 유지하며 더 오랜 시간 공부할 수 있을 뿐더러 전업 수험생으로 전환했을 때도 큰 이점으로 작용한다.

아픈 곳은 미리 관리하라

공부는 장시간 앉아서 하는 활동이다. 그만큼 허리 통증, 디스크, 관절 문제 등 신체적인 불편함이 발목을 잡을 수 있다. 내가 수험 생활 중에 만났던 사람들 중에는 신체적인 문제로 인해 공부를 지속할 수 없게 된 경우가 많았다. 허리나 목 디스크로 고생하는 이들은 공부는커녕 하루를 버텨 내는 것조차도 힘겨운 상황에 빠지곤 했다.

직장에 다니면서 경제적으로 안정된 상태일 때 이런 신체적 문제를 미리 점검하고 관리하자. 불편한 부분이 있다면 병원을 찾아가 치료를 받거나 필요하다면 수술도 진행하자. 또한 예방 차원에서 필라테스나 요가를 통해 몸의 유연성을 길러 두는 것도 좋다. 특히 허리와 관절은 공부 시간에 직접적인 영향을 미치기 때문에, 사소한 문제라도 방치하지 말고 직장 생활 중에 해결해 두면 전업 수험생으로 전환했을 때 효율적인 공부가 가능해진다.

합격 수기를 모아라

내가 직장 병행 수험 생활을 하면서 가장 도움이 되었던 것 중 하나는 바로 '합격 수기'였다. 합격 수기는 단순한 성공담이 아니라, 합격한 사람들이 겪었던 시행착오와 그 극복 과정을 고스란히 담고 있다. 나는 이런 합격 수기를 읽으면서 동기를 얻거나 내 문제에 대한 해답을 찾기도 했다.

따라서 합격 수기를 미리 정리해 두는 것은 공부 방향을 잡는 데 큰 도움이 된다. 전업 수험생으로 전환했을 때도 시행착오를 줄이고 더 빠르게 합격으로 나아갈 수 있다. 직장 생활 중 시간이 부족하다면, 합격 수기를 모아 정리하는 작업부터 시작하자. PDF 파일로 저장하거나 필요한 정보와 요약을 노트에 적어두는 것도 좋다. 각 자료의 핵심을 간략하게 메모로 남기고, 힘들 때마다 꺼내 읽으면 동기부여가 될 것이다.

공부법을 연구하고 테스트하라

공부법은 공부의 성과를 좌우한다. 인터넷에 검색만 해도 수많은 방법들이 나오지만, 중요한 것은 어떤 방법이 나에게 맞는지 확인하는 것이다. 내가 직장 병행 시절 가장 크게 후회했던 부분 중 하나는 어떻게 공부할지 충분히 고민하지 않고 그냥 시작한 점이었다.

공부법은 단순히 따라 하는 것이 아니라, 내 시험과 성향에 맞게 조정하고 적용해야 한다. 직장 생활 중이라면 하루 30분씩 시간을 내어 다양한 공부법을 테스트해 보자. 예를 들어 암기 위주의 시험을 준비한다면 플래시 카드 앱을 활용하거나, 기출문제 풀이 중심의 시험이라면 문제 풀이 시간을 정해 두고 실험해 보자. 이렇게 미리 공부법을 연구하고 테스트하면 전업 수험생이 되었을 때 시행착오를 최대한 줄일 수 있다.

한 과목에 집중하라

직장에서 일하면서 모든 과목을 동시에 공부하는 것은 불가능에 가깝다. 내가 직장 병행 시절 가장 후회했던 점은 전 과목을 동시에 공부하다가 결국 아무 과목도 제대로 공부하지 못한 채 시간을 낭비한 것이었다.

현재 물리적으로 공부 시간이 부족하다면 욕심을 버리고 한 과목에만 집중하자. 예를 들어 가장 약한 과목이나 기본이 되는 과목을 선택해 철저히 공부하면, 전업 수험생으로 전환했을 때 다른 과목에 집중할 수 있는 시간을 벌 수 있다. 한 과목에 집중하는 것은 자신감을 쌓는 데도 큰 도움이 된다.

직장을 다니며 수험 생활을 병행하는 것은 쉽지 않은 도전이다. 그러나 지금의 어려움을 어떻게 활용하느냐에 따라 미래는 완전히 달라질 수 있다. 기초 체력을 기르고, 신체적인 문제를 미리 해결하며 합격 수기를 통해 간접 경험을 쌓고, 자신만의 공부법을 연구하고, 욕심을 버리고 한 과목에 집중하는 것. 이 모든 준비는 전업 수험생으로 전환했을 때 시간을 단축시키고 효율적으로 공부할 수 있는 밑거름이 될 것이다.

에필로그

설레는 삶을 위한
바로 지금,
바로 나

인생을 살아가면서 어디로 가야 할지, 어떻게 해야 할지 명확히 아는 것은 매우 중요하다. 열심히 노력하지만 방법을 몰라 좌절하거나, 잘못된 방향으로 가다 지쳐 버리는 경우를 많이 본다. 나 역시 한때 올바른 길을 찾지 못해 시간을 허비하고, 내가 제대로 하고 있는 건지 의문에 빠지곤 했다.

그러면서 깨달은 사실은, 공부든 인생의 목표든 단순히 '열심히' 하는 것만으로는 충분치 않다는 것이었다. 이제는 효율적이고 올바른 길로 나아가는 방법이 분명 존재하며, 더 이상 방황할 필요가 없다는 것을 알게 되었다. '공부법은 사람마다 다르다'는 말도 맞지만 공부의 본질 자체가 제각각인 것은 아니다. 방법은 다양할 수 있으나, 그 안에 변하지 않는 기본 원칙과 큰 틀이 존재한다. 중요한 건 그 본질을 이해하고, 이를 토대로 자신만의 방식을 찾는 것이다.

나도 시행착오를 거치며 조금씩 나만의 공부 방법과 목표 달성의 올바른 길을 터득했다. 이제는 그 방법을 다른 사람들에게 전해 주고 싶다. 많은 사람이 잘못된 길에서 시간을 낭비하지 않고, 자신감을 갖고 나아갈 수 있도록 돕고 싶다.

물론 현실적 제약도 있다. 여러 일을 병행하느라 바쁘고, 새로운 것에 투자할 여유가 많지는 않다. 그렇다고 포기할 수는 없다. 언젠가는 여러 자격증을 취득하고 더 많은 사람에게 내 공부법을 전해 주기 위해 지금도 꾸준히 준비하고 있고, 그 과정은 나를 한층 더 단단하게 만들고 있다.

대부분의 사람들에게 공부는 고통스럽고 지루할 수 있다. 하지만 나에게 있어 공부는 스스로를 성장시키고 새로운 가능성을 발견해 가는 과정이다. 그 성취감과 자부심이 나를 앞으로 계속 나아가게 한다. 중요한 건 목표 달성만이 아니라, 그 과정에서 얻는 자기 성장과 깨달음인 것이다.

바로 지금, 설레는 마음으로 새로운 길을 걸어가는 이 순간이야말로 '진정한 삶의 시작'이라고 생각한다. 나는 내 길을 찾아냈고,

그 길은 단지 나만을 위한 것이 아니라 다른 사람에게도 도움을 주는 길이다. 그리고 그 과정에서 얻은 지식과 방법, 깨달음은 나를 더 성장하게 한다. 인생은 한 번뿐이지만, 그 인생을 어떻게 살아갈지는 우리의 몫이다. 공부도, 인생도 설렘이 될 수 있다는 사실을 나는 몸소 느낀다.

그러니 여러분도 여러분만의 설레는 길을 찾기를 바란다. 그 길을 찾는 과정은 힘들 수 있지만, 그 속에서 얻는 성취감과 자신감은 무엇과도 바꿀 수 없는 귀중한 가치다. 바로 지금, 바로 여러분이 그 길을 걸어가길 희망하며 나 역시 그 길 위에서 함께 설렘을 나누고자 한다.

그냥 계속하는 힘

펴낸날	초판 1쇄 2025년 6월 30일
지은이	손민규
펴낸이	강진수
편 집	김은숙, 우정인
디자인	Stellalala_d
인 쇄	(주)사피엔스컬쳐
펴낸곳	(주)북스고 **출판등록** 제2024-000055호 2024년 7월 17일
주 소	서울시 서대문구 서소문로 27, 2층 214호
전 화	(02) 6403-0042 팩 스 (02) 6499-1053

ⓒ 손민규 2025

- 이 책은 저작권법에 따라 보호를 받는 저작물이므로 무단 전재와 무단 복제를 금지하며,
  이 책 내용의 전부 또는 일부를 이용하려면 반드시 저작권자와 (주)북스고의 서면 동의를 받아야 합니다.
- 책값은 뒤표지에 있습니다. 잘못된 책은 바꾸어 드립니다.

ISBN   979-11-6760-104-9   03190

책 출간을 원하시는 분은 이메일 booksgo@naver.com로 간단한 개요와 취지, 연락처 등을 보내주세요.
Booksgo는 건강하고 행복한 삶을 위한 가치 있는 콘텐츠를 만듭니다.